惠州学院博士科研启动项目：基于互动导向的家具制造企业定制能力及企业绩效关系研究（项目编号：19-158020088）

惠州市社科共建项目：基于成分品牌理论的惠州市资源依托型工业品品牌权益研究 以石化为例（项目编号：2022ZX056）

基于互动导向的家具制造企业定制能力及企业绩效关系研究

桑红莉 著

中国纺织出版社有限公司

内容提要

本书以我国有定制意向和定制行为的家具企业为研究对象，以价值共创理论、组织间关系理论、大规模定制理论、互动导向理论、资源基础观理论作为分析工具，结合我国家具制造企业定制化生产及顾企互动现状，构建了互动导向、企业定制能力、企业绩效和市场环境的概念模型以及提出了相关假设。基于家具销售企业问卷调查数据进行了实证研究，利用主成分分析法测度各个问卷问题在相应维度中的作用，在此基础上利用结构方程模型探讨各个维度和类别之间的相互影响，以及各个类别之间的相互作用并进行实证检验，以揭示不同条件因素下，家具供应商通过和客户互动，如何影响企业的定制能力和企业绩效的过程机理。本书通过实证研究，对互动导向对家具企业定制能力的影响，家具企业互动导向与企业绩效关系，以及市场环境影响下的路径关系进行分析，以期为家具企业定制化提供借鉴。

图书在版编目（CIP）数据

基于互动导向的家具制造企业定制能力及企业绩效关系研究 ／ 桑红莉著． -- 北京：中国纺织出版社有限公司，2024.8. -- ISBN 978-7-5229-2002-3

Ⅰ．F426.4

中国国家版本馆 CIP 数据核字第 2024AY0699 号

责任编辑：史 岩　　责任校对：高 涵　　责任印制：储志伟

中国纺织出版社有限公司出版发行
地址：北京市朝阳区百子湾东里A407号楼　邮政编码：100124
销售电话：010—67004422　传真：010—87155801
http://www.c-textilep.com
中国纺织出版社天猫旗舰店
官方微博 http://weibo.com/2119887771
天津千鹤文化传播有限公司印刷　各地新华书店经销
2024年8月第1版第1次印刷
开本：710×1000　1/16　印张：13.75
字数：207千字　定价：99.90元

凡购本书，如有缺页、倒页、脱页，由本社图书营销中心调换

前 言

作为林产工业的重要组成部分,家具制造业的地位举足轻重。定制作为中国家具发展的必然趋势,如何让家具企业定制生产发展壮大,对于提升整个行业绩效具有十分重要的研究意义。当今时代强调的是"客户赢、合作伙伴赢、自己赢"的共赢概念,企业获利的实质是多方盈利。家具制造企业如何从组织间营销(B2B)角度进行顾企互动,及时将市场信息内化为企业的独特资源,提升企业的定制能力和企业绩效,实现多方价值就变得十分必要。在买方市场主导下,供应商(厂家)和组织客户(经销商)间的每一次互动,对企业来说都是一次学习机会。尤其在外部环境多变的情况下,通过组织学习的动态过程,企业能获取和吸收外部知识并转化为企业可以利用的隐性知识,从而引起企业内部互动思维方式的改变,提升家具企业的定制能力,减少产品开发中的不确定性,总体提升企业经营绩效。

本书以我国有定制意向和定制行为的家具企业为研究对象,以价值共创理论、组织间关系理论、大规模定制理论、互动导向理论、资源基础观理论作为分析工具,结合我国家具制造企业定制化生产及顾企互动现状,构建了互动导向、企业定制能力、企业绩效和市场环境的概念模型以及提出了相关假设。本书基于家具销售企业问卷调查数据进行了实证研究,利用主成分分析法测度各个问卷问题在相应维度中的作用,在此基础上,利用结构方程模型探讨各个维度和类别之间的相互影响,以及各个类别之间的相互作用并进行实证检验,以揭示不同条件因素下,家具供应商通过和客户互动,如何影响企业的定制能力和企业绩效的过程机理。通过实证研究,对互动导向对家具企业定制能力的影响，家具企业互动导向与企业绩效关系，以及市场环境影响下的路径关系进行分析，以期为家具企业定制化提供借鉴。

本书研究结果表明：①互动导向主要通过定制能力从整体上间接影响企业绩效，而从企业绩效内部来看，互动导向则主要通过影响关系绩效间接改变企业盈利绩效，互动导向对盈利绩效的直接影响较小；②市场环境对企业绩效的影响主要通过间接影响互动导向和定制能力实现；③企业绩效中关系绩效作用明显大于盈利绩效；④市场环境中竞争强度作用明显大于市场波动，定制能力中敏捷开发和流程重组的作用明显大于模块设计，互动导向中顾客观念的作用明显大于互动授权和价值管理。因此，中国家具制造商通过和经销商互动，可以提高家具企业的定制能力，最终通过促进基于顾客的关系绩效正向影响基于顾客的盈利绩效，进而提升家具企业的经营绩效。从国内外现有研究来看，目前尚未发现相关的实证研究，研究成果既有助于丰富相关理论，也有助于指导家具企业的定制实践。

本书的主要贡献在于：①将互动导向作为营销战略实施手段引入家具制造企业，提出并检验了基于互动导向的家具制造企业定制能力提升以及企业绩效之间关系的概念模型。②分析了互动导向、家具企业绩效之间的关系，以及互动导向对家具制造企业绩效的作用机理，并进行实证检验。③构建了基于互动导向、家具定制能力、企业绩效、市场环境之间关系的理论分析模型并进行实证检验。④对比并评价了各维度和因素的重要程度排序。⑤有针对性地提出建议和对策。上述研究成果在一定程度上填补学术界和企业界关于互动导向、企业能力、企业绩效的研究空白。这些研究成果既丰富了组织共创价值、B2B组织间营销、互动导向、资源基础观等理论，也为企业的管理实践提供了新的启示。

本书在编写过程中参考和借鉴了一些学术资料，在此深表感谢。同时，因水平有限，书中难免有错漏之处，还望前辈、同行、读者朋友批评指正。

桑红莉
2024 年 6 月

目 录

1 绪论
    1.1 研究背景 /001
    1.2 研究目的及意义 /003
    1.3 国内外研究现状及综述 /006
    1.4 研究的主要内容与方法 /024
    1.5 研究的技术路线和创新之处 /027

2 相关概念界定与研究理论基础
    2.1 相关概念界定 /029
    2.2 理论基础 /030
    2.3 本章小结 /049

3 我国家具企业定制化生产及顾企互动现状分析
    3.1 我国家具定制生产及产品概况 /051
    3.2 家具定制市场现状 /055
    3.3 我国家具制造企业定制能力现状 /059
    3.4 家具制造企业顾企互动现状 /061
    3.5 家具制造企业顾企互动问题分析 /067
    3.6 本章小结 /070

4 互动导向下家具制造企业定制能力与绩效关系模型及调查分析

  4.1 研究相关变量定义 / 071
  4.2 研究假设 / 073
  4.3 互动导向下家具定制能力及企业绩效问卷设计 / 079
  4.4 问卷调查 / 082
  4.5 问卷调查结果分析 / 083
  4.6 本章小结 / 102

5 互动导向下家具制造企业定制能力与绩效关系结构方程模型分析

  5.1 问卷分析的基本方法 / 103
  5.2 效度与信度检验结果 / 108
  5.3 主成分分析与相关分析结果 / 114
  5.4 互动导向下家具企业定制化及企业绩效关系模型 / 121
  5.5 结论分析 / 148
  5.6 本章小结 / 149

6 管理启示与对策

  6.1 管理启示 / 151
  6.2 研究对策 / 154
  6.3 本章小结 / 169

结论 / 171

参考文献 / 175

附录 / 189

致谢 / 211

1 绪论

1.1 研究背景

随着传统业态的数字化转型和我国需求结构的多元化，消费者对于家具的需求更加旺盛，强大的购买力和技术进步为我国家具制造企业带来了发展机遇。20世纪80年代以来，家具企业初步建立了现代加工制造体系，由手工模式改造升级为具有工业化特征的大规模生产模式。但是，由于顾客的需求不断变化，我国家具制造业工业化水平还不够高，这种生产模式难以发挥规模效应。90年代后，缘于消费者需求的个性化和多样化，我国家具制造业随之呈现出高科技生产加工的特征，小批量生产家具作为当时市场的主流趋势被广为推广。20世纪90年代至今，在新技术和新需求的驱动下，以满足顾客个性化需求，又兼顾产品成本最优和生产效率最高的大规模个性化定制生产模式逐渐被家具制造企业推广和应用。

第一，我国家具行业整体定制水平不高，企业绩效不显著。欧派家居、索菲亚、尚品宅配、志邦家居、好莱客、金牌橱柜、皮阿诺、我乐家居、顶固集创9家头部品牌，市场份额最大的欧派家居2021年市场占有率仅为4.8%。以定制衣柜为例，索菲亚、欧派家居、尚品宅配均超过40亿元位列第一梯队，好莱客、志邦家居分别以17.53亿元、11.30亿元收入规模位列第二梯队，我乐家居、金牌橱柜、皮阿诺收入规模低于10亿元，暂列第三梯队。一方面，市面上大部分家具产品是对大众化共性需求的满足，往往处于卖方市场主导地位，并捆绑了禁止讨价还价的特性，极易出现顾客损失；另一方面，由于现在家具的消费主力转向"80后""90后"，新的消费群体的变化必然引起消费方式的变革，他们注重挑选设计感强、可以任意搭配的产品。企业很难识别并满足每一个顾客的需求，需要基于消费者个性总结共性需求信息，满足真正有购买欲望，并能给企业带来价值的最大顾客群体的利益。毋庸置疑，作为和终端消费者接触最多的经销商成为市场信息的重要来源。

第二，2022年，我国政府提出了进一步深化供给侧结构性改革，推动经济持续高质量发展的改革思路。这对于我国家具行业也是一种挑战。家具行业"供给侧改革"就是从供给、生产端入手，通过解放生产力，提升竞争力促进经济发展，创造新的经济增长点。市场瞬息万变，如何有效地将市场信息加工整理，通过与供应链上的经销商互动，获取信息并转化为企业独特的隐性知识资源作用于企业生产力，促进中国家具以顾客（这里的顾客既包括经销商、代理商等中间商，也包括终端顾客）需求为中心，提高定制化生产能力以提高企业经营绩效，引导中国家具行业良性发展有待关注。

因此，家具制造企业传统的营销方式和经营理念正不断受到挑战，以卖方为主导的时代早已结束，企业必须借助渠道合作伙伴和消费者打交道（B2B2C），渠道是家具制造企业合作性和创造性的伙伴（B2B）。以中间组织顾客及顾客体验为中心的"价值共创"体系正逐步成为企业提升市场竞争力的关键因素。对于企业来说，若想提升顾企双方价值，交换不再是营销的唯一基础，互动才是最好的营销战略。

第三，对于家具企业而言，如何和经销商互动成为研究的难点。互动导向这种组织能力来自企业坚信客户（顾客）观念，来自企业衡量并整合各种资源，及时对千差万别的客户（顾客）需求进行反应的能力，来自公司对客户（顾客）授权和客户（顾客）价值管理。家具企业如果对互动活动进行有效的管理，并为更好地与客户（顾客）进行互动而对自身的资源与能力进行投资，那么这家企业就可以界定为互动导向型企业。企业同顾客互动的过程不仅是组织顾客参与企业经营活动的过程，而且是企业同客户（顾客）共创价值的过程。

定制家具的生产模式必须为两个基本问题提供答案：①多样化管理。产品多样性如何处理以及多样性的上限是什么。②快速反应能力。如何以合理的成本速度准确地为客户提供所订购的产品。前者是家具制造企业调整产品模块尤其是功能模块、丰富产品组合的问题；后者是家具制造企业提高敏捷制造能力、流程重组的问题。家具企业通过与经销商互动获取外部知识和能力，反作用于生产力。组织间通过长期合作实现知识的流动和共享，达到转移隐性知识，提高企业创新定制能力的目的，即家具企业与经销商在哪些方面进行互动，关注企业生产加工中的哪些因素可以提高企业的定制能力。

第四，随着时代的变迁，企业的绩效不能仅以硬性财务指标进行判断，还要考虑企业的软实力提升。除了关注企业的盈利指标，还要基于顾客的角度判断，"顾客赢、客户赢、自己赢"的三方共赢才真正提升企业经营绩效。家具制造企业通过互动，对市场知识进行转移，并应用到企业的产品加工中，直接作用于产品创新，提高产品的人文价值、工艺价值，并满足顾客价值。基于顾客的盈利价值而言，厂商和经销商通过满足顾客的定制需求获得更多的经济收益，企业知名度等无形价值也会进一步提升；基于顾客的关系价值判断，双方促进了相互信任和经营信心，达成了一致的价值观和经营理念。因此，企业通过互动能力的提升，进而促进企业绩效的提升。

第五，家具企业间竞争激烈、价格战频发。终端顾客对于产品的偏好变化快，代理商和经销商也具有自己独特的市场需求，顾客代理商和经销商总想寻找新的产品以贴合自己的使用习惯或者凸显自己的代理品位，以便在同行竞争中脱颖而出。因此，代理商和供应商的关系不稳定，市场波动巨大。这些市场环境因素是企业无法控制的，企业唯一可以做的是以"变"应变，主动顺应市场的需求，及时调整自己的市场战略，从互动导向出发，不断提升自己的产品定制水平和市场适应能力，依靠组织顾客整合企业外部资源，提高基于顾客的经营绩效，保持良好的关系绩效。企业在动荡多变的市场中发现自己的生存之道，经历市场考验并且及时转型存活下来，才有可能通过积累市场经验提升市场竞争力。

1.2 研究目的及意义

1.2.1 研究目的

本研究在价值共创理论、组织间关系理论、大规模定制理论、互动导向理论以及资源基础观理论的基础上，将互动导向理论应用于家具企业，针对互动导向对于家具企业定制能力以及企业绩效影响的作用机理进行分析，并在此基础上构建互动导向、定制能力、企业绩效、市场环境的理论框架和相应的关系模型。另外,还以哈尔滨家博会参展商及居然之家等家具卖场的家具销售代表和工作人员为调查对象,对上述问题进行调研并进行实证分析,以期达到以下目的。

第一,分析互动导向和家具企业绩效之间的关系及作用机理。

第二,构建基于家具企业互动导向、定制能力和企业绩效以及市场环境的理论模型并进行实证检验。

第三,针对我国家具企业定制化生产及顾企互动现状,进一步分析互动导向在何种情况下发挥作用,即市场环境等外部影响因素是否在家具企业互动导向和企业绩效之间具有调节作用。

第四,为民族家具产业的发展提供理论借鉴,为家具企业加强互动导向,提高企业定制能力以及如何适应外部环境以提高企业绩效等问题提出切实可行的对策。

1.2.2 研究意义

基于以上研究目的,本书构建基于互动导向、家具定制能力、企业绩效、市场环境之间关系的理论分析框架并进行实证检验。其研究意义如下。

(1)理论意义

首先,已有的关于互动导向与企业绩效的理论研究大多集中在 B2C 领域,较少涉及 B2B 领域,且多是概念性研究。本研究聚焦于企业组织间价值共创理论背景下探讨互动导向问题,结合相关理论,对家具定制企业、B2B 组织间关系、市场环境等概念和内涵进行了科学界定。基于共创价值等理论基础,对于互动导向对基于顾客的盈利绩效和基于顾客的关系绩效的影响,企业定制能力在互动导向和企业绩效中的作用,市场环境对于企业互动导向和定制能力以及企业绩效的影响进行实证研究。因此,本研究有利于丰富 B2B 基于价值共创的互动导向理论。

其次,价值共创理论、组织间关系理论和大规模定制理论以及资源基础观理论作为发展中的前沿理论,很多观点与互动导向的基本观点是吻合的,但是上述观点只是作为概念提出或者探索性案例进行研究,还没有整合到互动导向研究的理论框架中,研究思路有待进一步深化并进行实证探讨。本研究从家具企业互动导向的角度探讨了供应商与客户互动,基于此战略导向,企业定制能力提升对于家具制造企业盈利绩效和关系绩效的影响。因此，本研究也将对这些相关领域的文献发展做出一定贡献。

（2）现实意义

家具企业为什么要通过互动导向进行企业间的价值共创？如何进行企业间价值共创？组织顾客参与在企业间价值共创活动中有哪些作用？如何通过互动获取良好的顾企关系？家具定制能力具体包括哪些方面？互动导向如何影响企业绩效？企业如何应对市场环境因素？这是本研究需要解决的实际问题。本研究的成果有助于企业理解企业间价值共创过程及供应商（企业）组织顾客互动的规律，并为其价值共创管理提供具体思路和指导策略。具体表现为：

第一，帮助家具企业认识企业间价值共创的重要性，实现企业与顾客的双赢。积极参与企业间价值共创有利于企业利用其他企业的资源（尤其是客户资源），有利于提高家具企业的定制能力（尤其是敏捷开发能力和流程重组能力），有利于提高企业的绩效，并依靠互动，获取更多的知识感知外部激烈的市场，及时应对变化的市场环境。

第二，为家具企业实行客户关系管理提出了更多思路。首先，以客户需求为中心，通过业务流程、生产流程、服务流程重组帮助企业获得知识、技术、顾客需求等战略性资源。其次，促进企业文化观念的改变。以客户资源为主的企业应该充分利用外部资源，改变以往只重视家具企业内部资源及能力，追求企业利润而忽视客户利益，忽视企业与客户间的交流。只有联合中间组织，组建顾企战略联盟，才能解决家具定制中的难题，从而提升企业的定制能力，促进企业获得更大的竞争优势，变被动学习为主动学习，实现企业、客户、终端顾客的多方共赢。

第三，通过家具企业顾企互动的研究，促进企业提升获取外部知识的能力。企业单独依靠自身内部核心能力进行技术创新没有持久的动力来源。原因一：在竞争激烈的家具市场中，无论传统企业还是定制企业，新的产品与服务面世的时间快慢决定了企业市场的成败。原因二：家具制造企业通过市场互动获取所需要的知识。能够用语言明晰表示的显性知识已经不具备竞争力，相对的隐性知识广泛存在于人的经验和组织管理惯例中，是企业在长期经营过程中获得的"积累性学识"。原因三：企业组织获取外部知识的重要途径是企业与企业之间知识和能力的互补所结成的联盟，组织间通过长期合作实现知识的流动和共享，达到转移隐性知识、提高创新能力的目的。

因此，知识链组织之间的合作对于组织获取生产和市场知识、缩短产品上市周期以及提高其组织竞争力意义突出。如何促进家具企业供应商（企业）和组织顾客基于知识链的组织间合作，促进家具企业有效利用企业组织之外的创新资源，有效降低创新过程的不确定性，促进顾企持续的良性互动，形成家具企业的竞争优势具有研究价值。

第四，帮助企业了解和掌握企业间价值共创的营销管理策略。阶段性的企业间价值共创管理包括前、中、后三个阶段的管理，各阶段都有相应的管理行动指南或策略。家具企业如何在不同阶段进行互动管理、如何基于顾客的价值进行管理等都是企业需要关注的实际问题。

第五，为家具企业如何应对市场环境提供建议。企业外部市场环境是企业无法干预的影响因素。企业唯有以变化的思维和视角审视周围，及时调整自己的生产经营策略和生产技能，利用外部知识内化为企业的内部隐性知识，才能在激烈的市场竞争中拥有一席之地。

1.3 国内外研究现状及综述

1.3.1 关于互动导向的国内外研究现状

1.3.1.1 关于互动导向的国外研究现状

（1）互动导向与企业绩效间关系方面的研究

美国学者拉马尼和库玛（Ramani & Kumar，2008）对互动导向的构成维度及其与企业绩效之间的关系进行了研究。他们认为企业强调顾客观念，创造顾客体验，实施顾客授权，这些充分考虑了顾客的喜好并鼓励其参与产品的设计，可以提高被授权顾客的归属感和心理所有权。企业提供开放平台，通过建立顾客管理系统来实现企业与顾客的互动，顾客以主人翁的身份支持和维护企业的健康成长，从而提高企业绩效。美国学者雷波特等（Rayport et al.，2005）认为高效的互动管理和互动发生的界面是企业竞争优势的缘由。美国学者西蒙等（Sirmon et al.，2007）将顾企互动分为两种：响应型互动和积极型互动。响应型互动是基于现有情况和知识水平逐渐提升企业能力；积极型互动是超越现有知识，开拓式地提升企业能力。二者对于企业的经营绩效有影响。美国学者法恩（Fine，2009）指出，企业通过互动导向的提升，能够更好地改进和提升企业的开发和运营，从而促进企业绩效的提升。俄罗斯学者穆尔曼（Rustand Moorman，2010）认为互动导向是一种企业能力，互动导向程度越高，公司绩效越好。中国学者董玮等（2014）认为互动导向的目标是与客户建立良好的互动能力，以维持长期、有利可图的客户关系，并在此过程中获取有关客户的有价值信息。互动导向对消费者—公司认同产生积极影响并提升企业的经营绩效。

还有一些学者认为互动导向并不直接促进企业绩效，更多的企业尤其是新企业是在顾客了解其产品或者服务的基础上，通过提升顾客关系促进认可度，进而克服组织合法性约束，获得企业的绩效增长，所以要考察顾客是否接受认可的问题。

（2）互动导向与新企业创新绩效方面的研究

英国学者奥利弗克伦威尔等（Oliver C et al.）分别论述了新企业作为嵌入一定社会环境下的组织，制度环境压力和约束对企业行为发挥重要作用。从组织合法性视角，分析互动导向对于新企业合法性以及经营绩效的影响过程原理。拉马尼和库玛（2008）认为新企业更高水平的互动导向不仅有助于新企业获得初始顾客，并且能吸引潜在顾客，获取忠诚顾客。这种顾客间的口碑相传应该引起新企业足够的重视。由于顾客的消费是非理性行为，熟人间推荐和顾客本人感知到的企业产品和品牌影响都会干预顾客的购买行为。

（3）互动导向中的顾客关系方面的研究

20世纪90年代，西方无论是学界还是业界并不承认互动对顾企等关系的影响（Iacobuc & Ostrom，1996）。然而，近年来，西方学者逐渐意识到该问题，但并未像中国一样将"关系"看得如此重要。西方学者更重视的是企业作为组织整体与顾客互动联系、顾客价值、顾企互动所展示的品牌、自我认知、价值观、消费客观情境等变量，这些充分说明西方组织间的交往公私分明，私人关系泛化为组织间关系。

1.3.1.2　关于互动导向的国内研究现状

（1）互动导向与企业绩效关系方面的研究

吴兆春（2013）构建了互动导向、顾客关系与公司绩效的关系模型。将基于顾客绩效的两方面拆分开单独研究。研究结果表明，互动导向主要通过影响顾客关系继而影响公司绩效。金永生（2017）等基于集合论思想，构建了包括技术导向、竞争者导向、组织规模、战略类型、环境动荡性等因素的互动导向绩效机制模型，并对 211 个企业样本模糊集定性比较分析，发现互动导向在不同路径中都对企业绩效产生积极影响，是高企业绩效成立的必要非充分条件。冯文娜（2021）基于互动导向、战略柔性与制造企业服务创新绩效三个关系变量，基于动态资源基础观和价值共创理论视角，验证了战略柔性在互动响应能力、顾客授权、顾客价值管理与服务创新绩效之间起部分中介作用。作者主要为制造企业服务绩效的互动导向提出对策方向。建议企业打破组织边界，和用户共创价值。林杰（2022）构建了互动导向、价值主张转变、新创电商企业绩效的关系模型。基于价值主张转变视角，采用实证分析方法探究了互动导向对新创电商企业绩效的作用机制。研究结果表明，互动导向和价值主张转变均对新创电商企业绩效的提高具有显著的促进作用。

（2）互动导向与创新绩效关系方面的研究

学者们陆续对于互动导向对企业创新意愿和创新能力、开发性创新和探索性创新与基于顾客的创新绩效的积极影响进行了研究。研究结果显示，开发性创新较探索性创新对于企业绩效影响更显著。薛佳奇（2013）依据资源基础观理论，基于顾企互动视角，探讨了制造企业服务导向与创新绩效的影响。研究结果表明，制造企业利用服务业务可以提高创新绩效。这里将互动分为响应型互动和积极型互动，将企业服务导向分为支持产品的服务导向和支持顾客的服务导向。杨艳玲（2015）研究了基于互动导向的主动改善对服务创新绩效的影响。从互动导向、主动改善、服务创新过程绩效和结果绩效等方面进行验证。验证了主动改善对服务创新绩效具有直接正向影响，在互动导向与服务创新绩效之间，吸收能力和主动改善发挥部分中介作用，并提出了企业充分利用现代信息技术以及进行顾客授权的建议。田宇、杨艳玲（2016）将互动导向应用于物流行业，基于物流企业的服务创新进行了研究，引进了环境动态性调节变量，为新时代背景下的企业服务创新提供了有益的参考和借鉴。沈景全（2017）引入价值主张变化相关构念，基于互动导向、价值主张变化和新创企业绩效关系进行了研究。基于源于京、津、冀、鲁地区新创企业的问卷调查数据，提出了互动导向对新创企业绩效的正向影响。戴黛（2019）以我国休闲农业为研究对象，引入互动导向、网络直播两个自变量，进一步探索休闲农业企业提高服务创新绩效的有效路径，并验证了互动导向对服务创新绩效有正向影响。刘红（2023）基于数字化背景下的制造业转型升级，探讨了实行互动导向战略，增强与顾客的有效互动，获取更多的知识和信息能够帮助制造企业更好地理解和满足市场需求，提高企业的抗风险能力。制造企业互动导向对服务创新绩效有影响，可以摆脱企业高端服务化战略及服务创新行为的困境。

（3）互动导向中顾客关系方面的研究

吴兆春和于红彦（2013）认为互动导向作为一种新的营销战略，对于顾客的分析由市场细分层面到顾客个体层面，是基于顾客关系的洞察和顾客价值信息的获取，进而有效分配企业营销资源。卫海英和骆紫薇（2014）构建了基于中西方的差异提炼出了中国式关系的构念，以及企业互动和社会互动共同作用的双驱动模型。揭示了中国企业互动导向、变革型领导和员工互动响应对中国式顾客关系的影响作用。于红彦和刘容（2017）基于现有文献，认为基于价值共创的互动导向是价值共创理念的具体实施，企业实施搭建沟通平台，关注互动质量，鼓励顾客参与，整合互动资源等营销活动使顾客持续地产生良好感受，从而与顾客共同创造价值。

（4）互动导向驱动因素方面的研究

于红彦（2015）对基于共创价值的互动导向前因变量与结果变量进行了实证分析。研究结果表明，领导关注、领导参与、员工激励和制度压力对互动导向具有正向影响。另外，企业的经营类型、经营规模和行业性质作为调节变量对于基于共创价值的互动导向和企业绩效也有作用。这些有助于企业识别影响其互动的因素以提高企业互动绩效。刘莉莉（2022）基于移动互联背景下，企业面临的内外部环境变化，顾客角色的转变促使以"价值共创"为理念的互动导向逐渐形成并应用于企业实践，进一步论述了基于驱动视角的互动导向—顾客知识获取—组织惯例更新—服务创新绩效的作用过程。

（5）其他方面的研究

李光明等（2010）理论性地分析互动导向和体验营销的关系。他们从顾客理念入手，将顾客体验的过程分解，与企业的后端支持系统及理念进行信息对接，转化为企业可以感知到的顾客体验信息与符号，与被赋权的顾客进行互动体验营销。

杨国亮（2011）根据人际交往理论，从危机预防的角度出发，研究品牌信任如何受企业互动导向的影响。他构建了企业互动导向，感知价值、感知风险，品牌信任与危机预期的关系模型，并认为企业互动导向有助于提高顾客感知价值，降低感知风险，增加品牌信任。

田志龙（2015）从宏观角度，基于互动导向对新兴产业政策决策过程进行了研究，并基于利益相关者的角度，从互动主体、互动方式和新兴产业政策决策过程分析，总结了互动演变的规律，为我国新兴产业的政策发展提供了思路。

王晓楠和马向阳（2018）将互动导向引入品牌延伸领域，探讨互动导向对品牌延伸评价的作用路径。企业良好的互动导向水平可以促使消费者产生品牌信任和正面的品牌态度，进而做出更积极的延伸评价。品牌态度和品牌信任在互动导向和品牌延伸评价关系间存在中介效应。

1.3.2　关于定制能力的国内外研究现状

随着竞争的加剧和消费者需求的提升，传统制造行业面临巨大的挑战。企业为了实现增值目标应该转向关注顾客体验，强调定制化生产。依照上文互动导向中的"导向→能力/行为→绩效/优势"的企业价值增值的路径，这里着重探讨制造企业定制能力提升的相关研究。大规模定制能力是指企业能够用较短的供货时间和较低的成本提供大量的定制产品或者服务。在学界，既有从"能力观"研究定制能力问题的，也有从"实践观"研究定制能力问题的。虽然研究的视角不同，本质上却是一致的。

1.3.2.1　关于定制能力的国外研究现状

（1）基于能力观的大规模定制能力研究

印度学者纳拉西曼（Narasimhan et al., 2006）指出研究一种生产模式是

"怎样"的特征，是基于能力观视角的判断依据。美国学者派恩 B.J 和黄晓雯，穆罕默德·穆拉特·克里斯塔尔和罗杰·施罗德（Pine B J II 和 Huang X，Kristal M M，Schroeder R G）一致认为，大规模定制能力是企业应对复杂环境的一种动态能力。还有学者从动态角度分析这是一种整合、构建、重新配置其资源和技能的能力。大部分学者赞同，大规模定制能力的重要来源之一是向客户学习。但是，迄今为止，关于外部组织对企业大规模定制能力的影响，学界的研究重点仍是供应链整合，从供应链学习的角度对大规模定制能力开展的研究甚少；黄晓雯（2008）虽然提出了大规模定制能力得益于企业的内外部学习，但是并未从供应链学习的角度研究供应链上下游所获取的知识影响企业大规模定制能力的作用机理。

随着研究的深入，美国学者杜雷（Duray et al.，2000）以及法国学者安德烈亚斯·卡普兰和迈克尔·哈恩莱因（Kaplan & Haenlein，2006）认为，研究中更应该明确的是大规模定制概念的内涵和外延。在他们的带动下，土耳其学者巴尔达克奇等（Bardakci et al.）研究中强调"以顾客为中心"的观点，认为相对于混合排产等产品技术，更应该强调以顾客偏好为中心的观点。印度学者维诺德·科斯拉等（Vinodh et al.，2010）认为，应该从顾客需求的角度将大规模定制和敏捷制造结合起来。

另外，人们对于采用大规模定制的企业绩效也进行了研究。杜雷（2002）研究发现，生产程序上越接近于大规模定制或者顾客化定制，企业的生产绩效越明显。大规模定制主要受企业的实际情况和生产能力的影响。英国学者斯奎尔（Squire et al.，2006）研究表明，在产品设计中顾客卷入度越高，企业的生产成本越高，对企业的创新绩效影响越显著。

美国学者亨利·艾格贝多（Aigbedo's，2007）认为，在汽车大规模定制中，为了避免缺货，部分零件变化会引起企业库存水平的提升。早前美国学者辛之克莱科姆等（Claycomb et al.，2005）研究表明，企业的高成品库存负向影响企业的大规模定制的绩效。因此，上述研究谈及企业交易和企业大规模定制间的绩效关系。

王毅等（2017）基于工业 4.0 的时代背景，发现基于大规模定制而言，存在客户不会全身心投入设计阶段、潜在的组合是由设计师预先确定的、大规模定制并不能提供个性化的服务和商品等问题。企业应培养直接关联客户的能力，促进顾客的投入，进一步缩短定制产品周期时间和成本。这样，生产者和消费者将分享新创造的价值。

夏唐斌等（2018）认为，作为一种专注于广泛提供个性化产品和服务的制造范式，大规模定制已经将制造从"推"模式转变为"拉动"模式。在大规模定制中，处理具有可变批量大小的批量订单，通过流程敏捷性、灵活性和集成性提供个性化设计的批次非常重要。但是，根据大规模定制的特点，企业需要提升如下能力。首先，当机器数量增加时，现有的生产和维护政策要匹配生产效率。其次，改善传统的维护驱动策略应对定制成果的扩展分析。最后，若需求和生产过程是随机的，在生产大批量和离散产品的各种产品的公司中，需要系统能够进行有序且兼顾成本效益的调度。因此，除了传统的维护策略外，还需要新的维护策略来消除不必要的生产停顿，降低成本，并克服大规模定制中系统级调度的复杂性。

秦健等（2022）认为，随着制造系统的复杂性，设计原则、标准化和质量控制方面日益复杂和高质量产品的需求，大规模定制面临很多挑战。为了应对这些挑战，机器学习技术发挥关键作用，它们能够为质量控制、流程优化、复杂系统建模和能源管理提供有效的方法。增材制造技术就是此背景下的产物，其独特的生产模式有望为制造产业带来一场革命。

（2）基于实践观的大规模定制能力研究

纳拉西曼等（2006）指出研究一种生产模式是"如何做"，是基于实践观的研究重点。目前学界关于大规模定制领域与产品相关的研究中，以满足顾客对于产品需求性能范围为主要研究对象，如产品模块化、产品族设计、产品结构优化等产品优化技术，也有从知识管理的角度研究降低产品的定制成本，如知识应用、知识管理等角度研究，这些成果实质上可以归纳为企业定制知识应用过程中某一个具体要素的研究。美国学者杰瑞·温德和阿尔温德·兰加斯瓦米（Wind & Rangaswamy，2001）认为，企业要从顾客的角度汇集顾客的信息并且将顾客信息易识别化。学者们发现拥有定制知识的顾客对于复杂的定制选择很少有反感情绪并且对于企业的定制信息很感兴趣。对企业而言，企业从内部顾客（员工）处和企业外部顾客（顾客）处获取的信息都有助于提升企业的定制水平。基于内外部学习的视角研究大规模定制能力的形成机制，发现企业的外部学习和内部学习获得的知识，通过实施新工艺、新设备等工艺流程技术的完全中介作用正向影响大规模定制能力，比较全面地应用知识基础观理论研究了企业内外部因素对大规模定制能力的影响机制。

类似地，学术界在大规模定制领域与流程相关的研究中，既有以提高生产流程柔性为目的的具体实践技术的研究，如延时策略、并行工程、流程重组、流程优化、工作设计等，也有从组织变革的角度展开的研究，如组织惯性、工作单元、组织架构等，这些成果实质上可以归纳为企业的业务流程改进过程中某一个具体要素的研究。

焦建新等（2007）指出，与MC生产计划和控制相关的文献仍然是稀少的。定制增加了产品的多样化，对工艺设备和劳动力都有要求。这些会制约和影响定制生产系统的计划和控制。

一些学者探讨了MC的工艺规划问题。杜学红（2003）和焦建新（2007）提出了成本最小化模型。针对工艺设计开发，分别使产品实现从设计到组装，从设计到制造的成本最小。美国学者大卫·本·阿里耶等还开发了数学模型，利用启发式方法来确定良好的解决方案。英国学者博克（Bock，2008b）介绍了外包决策过程规划的可能性。

定制产品在开发和制造环节的成本控制仍是大规模定制文献的研究重点。产品成本计算在MC的设计阶段是关键。然而其准确性却让位于大量定制产品活动。王光辰和吴臻（2007）应用共性概念和成本核算（ABC）方法进行模块化系统设计。通过通用的定义活动来描述可变性生产，产品成本核算变得更加敏捷和准确。

在过去的二十余年，对于大规模定制的文献中，供应链（SC）操作/管理一直是一个活跃的研究话题。大规模定制中产量与需求之间的矛盾需要协调，究竟以订单为准还是库存为准，需要将供应链重新分类（Potter et al.，2004）、整合（Mikkola & Skjøtt-Larsen，2004）、配置（Salvador & Forza，2004；Coronado et al.，2004）以及分配（Mason & Lalwani，2008）。大部分研究强调供应链的技术方面应用，如脱钩、延迟、SC单载调度。

SC（single carrier）单载调度在MC中也是一个活跃的研究领域。一些数学模型旨在优化 MC 之间的权衡成本，专注于经营/生产流程（Giard & Mendy，2008；Demirli & Yimer，2008；Yao&Liu，2009）、装配线（Bock，2008）、特殊产品加工（如鞋品生产）（Barnett et al.，2004；Zangiacomi et al.，2004）。还有一些学者关注大规模定制中的库存管理理论（Aigbedo，2007，2009；Duray，2004；Ueno et al.，2007；Zhang & Efstathiou，2006）。还有学者提出要整合客户的需求与生产计划（Da Cunha et al.，2007；Huang et al.，2007b；Zhang et al.，2008）。

近年来，随着科学技术的进步，基于消费者个性化需求的定制生产模式产生。通过销售渠道等引入精准化的顾客需求，提升了个性化需求和个性化产品的一致性。主要有6个方面的因素促成了个性化定制的生产：前沿信息技术的发展、互联网的普遍使用、客户意愿在产品开放设计和价值共创过程中的融入、现代制造系统的创新、大规模定制技术的采纳和客户关系管理的有效运用。基于技术应用方面，基于社交网络、行为习惯和消费历史等多源异构数据，利用运算搭建行为属性和基础属性标签，融合用户多渠道信息、产品多渠道信息、用户数据实时采集和用户信息挖掘建模，建立用户标签体系结构，继而为客户提供准确的个性化需求服务。

（3）新的研究方向

大规模定制的概念已经成为一个重要的制造业战略以应对不断增长的需求和迅速的技术变化。但是，仍有许多问题在现有文献中未被解决，比如，什么样的企业可以被称作真正的大规模定制者？基于互联网的工具或模型哪些是最影响现实生产的？顾客需求的差异究竟有多大？在实际生产中需要哪些生产柔性？对于大规模定制什么是最好的供应链配置？什么是最好的市场结构能证明产品的定制是合理的？基于以上问题，未来的大规模定制的研究动向如下：

①快速制造（RM）。快速制造对于完成大规模定制活动的影响，近年来得到了关注（Bateman & Cheng，2006；Tuck et al.，2008）。尽管有一些快速制造技术已问世很久，但是对于快速制造技术对于大规模定制的可靠性和成本的影响却是近几年的事情（Bateman & Cheng，2006；Tuck et al，2008；Atzeni et al.，2010；Pallari et al.，2010）。然而，很少有研究专注企业管理对于快速制

造的影响（Bateman & Cheng，2006），甚至对于现代工业化国家，这种生产模式是否提供了一个再度产业化的机会也成为热点话题。因为 RM 在产业中的潜在传播，对于组织和经济会产生更广泛的影响，可能在不久的将来得到更多的关注。

关于敏捷性的定义最具代表性的是 Anlos J. W. 提出的"在多变不可测的市场环境中，企业体现出来的能够借助传播通信设备及技术、雇员和管理对客户需求做出切实有效的处理和应对"（Amos & Gibson，1995）。美国敏捷论坛定义敏捷制造能力是一种由客户价值驱动，作用于产品和服务的快速响应能力（Kidd，2006）。

"敏捷性"和"制造速度提升"是两回事，实际上，敏捷性的内涵已经远远超越了单纯的"速度"概念。敏捷性思维是一种渗透到全部生产的一种理念。在变化多端的外部市场环境中，敏捷性的内涵已经由制造概念渗透到组织架构、企业管理、外部适应能力中，是评价企业外部协调性、适应性，能否敏捷地满足顾客需求和消费偏好的重要指标。

这还涉及了另一个重要概念：快速响应能力。大规模定制下的快速响应就是在适当地点、适当时间用适当的价格提供适当的产品。在大规模定制环境下，客户的需求多种多样，难以预测，因此，无法像大批量生产那样采取备货生产方式等待客户订单，只能采取按客户订单生产的方式，而客户又不可能长时间地等待定制产品，这就需要企业具有快速响应客户需求的能力。具体要响应市场变化、产品变化、政府规章变化和系统不运转等问题（即使设备故障，还能保持产量增加）。

大规模定制产品的价值链从获取客户需求开始，贯通设计、供应、生产和递送等过程。整个产品生产的大部分时间被消耗在设计和生产上。而设计和生产过程中的时间又被浪费在冗余的信息周转环节和无谓的等待上。因此，实现快速响应的关键是应用先进的设计技术、生产技术、信息技术压缩设计和生产时间及消除冗余环节，减少等待时间。

②定制价值。近年来的文献进行了关于 MC 对于客户个人价值的研究。早期的研究强调满足个人独特需求的功利主义价值，比如美国学者艾缔思和霍尔布鲁克（2001）以及德国学者施莱尔等（2006）学者。英国学者默尔（Merle,

2008）和美国学者弗兰克（Franke，2009）探索使用非传统技术唤起和识别客户个人需求特性，并与客户合作设计产品的大规模定制的享乐价值过程。随着MC对于社会和经济影响的扩大，相关价值的研究还会涉及其他价值维度。尤其近年来的研究，对于影响生产和消费的个性化产品从环境（Drizo & Pegna, 2006; Sakao & Fargnoli, 2010）和企业道德（Lee et al., 2010）层面进行了研究。尽管其中的一些问题超出了生产研究范围，但是他们的观点（如社会科学家）会影响MC技术的传播和可以应用的技术和方法。

③质量控制。在过去的十余年，学者关于MC流程和生产中的质量控制很少研究。众所周知，在MC环境中，因为相关的产品种类增加和需求变得不确定，质量问题更突出（Tu et al., 2004），质量控制工具要保证这种情况下MC产品和服务的质量。在探讨质量控制的研究成果中，集中在如何将客户的质量需求转化为产品设计（兴刚等，2006；Sireli et al., 2007）或将质量指标融合在产品平台的设计中（Jiao&Tseng, 1999; Rai&Allada, 2003）。然而，大规模定制中的质量控制问题仍然存在：如何应用传统的质量控制体系进行单元的批量生产？因此着重强调两方面：一方面是如何让所有产品/过程变量中的质量特性能够识别并可测；另一方面是设计的控制方法，可以综合考虑不同产品规格和特性。

④担保协议。在过去的十年，关于大规模定制的担保模式没有任何进展。购买定制项目，买家通常提供相同的担保协议的批量生产。优质买家对于产品的最佳性能没有可参考的建议，而这些本应该存在于交易活动中（Piller，2004）。大规模定制产品配置显著影响产品的性能，需要新的可靠的担保协议模式的尝试。传统可靠性数据收集通过实验测试或历史数据积累，通常可以进行保修索赔。有学者提出了一种方法来反映产品选择质量指数的影响，认为扩展可靠性和保修范围似乎是一个解决相关问题的有效方法。

⑤实证研究。MC已经出现在应对消费者需求的定制服务行业中。然而，很少有研究提交真实的检验，是MC的相关实证和理论研究的缺失。关注实证研究，关注检验的工具开发是该研究领域的主要挑战之一。这会提高当前和未来的计算机工具的发展，有效促进MC实现，并拓展新的研究方向。

1.3.2.2 关于定制能力的国内研究现状

（1）基于能力观的大规模定制能力研究

闫芬和陈国权（2002）认为实施大规模定制有助于提高企业竞争力，从领先客户那里快速掌握市场发展趋势信息，根据市场需求进行产品开发，或者根据客户体验、快速反馈等及时改进产品质量和生产方向，通过客户信息的循环利用，提高产品开发效率及降低产品开发成本。赵黎明和郑江波（2003）、夏德（2005）、陈凌峰（2013）都认为对于实施大规模定制而言，供应链管理和学习是非常重要的元素。从生产推动和需求拉动的角度对大规模定制能力进行了供应链的驱动模式的分析，提出了大规模定制下的供应链的精益性和敏捷性，并对定制产品的共性和个性供应链进行了设计。张育丹和李华（2003）从大规模定制的双重含义以及企业的经营目标、竞争要素、制造原理、制造模式、制造原则、制造技术等方面总结了企业实施大规模定制的能力：客户需求信息采集、生产过程的柔性、物流柔性，并且分析了大规模定制的个性化定制的企业能力：产品构建模块化、提供标准化产品定制服务和提供交货点定制以及供应链快速响应的能力。贾滨（2005）从企业是否具备定制生产能力入手，分别从企业提供定制化程度的能力和企业向客户提供价值的能力两方面着重分析。罗罡和吴清烈针对制造企业构建了企业大规模定制能力的评价指标体系，提出了面向MC的设计能力（模块化、并行工程和产品族设计能力和质量功能配置、产品配置设计能力）和面向MC的制造能力（客户订单分离点延迟能力、柔性制造能力、成组技术能力、准时制造能力、计算机集成制造能力）以及面向MC的管理能力（产品数据管理能力、客户关系管理能力、物流管理能力、企业协同管理、电子商务能力）等进行了模糊综合评价。吴绍艳（2006）从资源配置与整合的企业大规模定制的动态能力方面展开分析，从人力资源和关系资源、智力资源和制造系统等的柔性资源角度进行了讨论。安蔚瑾（2009）在其博士论文《面向大批量定制的企业定制能力评价及定制诊断研究》中深入分析了影响大批量定制的因素，并归纳了产品维、管理维、技术维、信息维和环境维五个维度，还从内因和外因的角度分析了该问题，如图1-1所示。这也为本研究提供了很好的思路：外因对内因是否有作用？如果有，其作用机理是什么？王艳芝（2011）从顾客角度出发，探讨服务定制情境下顾客自我效能对顾客感知价值和顾客满意的影响，以及不同选项呈现方式对这种关系的调节作用。桑红莉（2016）发现个性化定制无论是在满足消费者的感观体验、情感与思考体验和行动及关联体验方面，还是在企业的财务绩效、学习成长绩效、内部业务流程绩效以及供应商绩效和顾客绩效方面更具优势。郁航（2020）基于商品主导逻辑，探讨了用户在大规模定制中，用户与制造业价值共创的路径是：社群交互、产品设计、制造监督、数据反馈。研究结论为制造企业的价值创造方式转变提供了新思路。史海清（2022）认为"大规模生产＋个性化定制"的大规模定制之路是"双循环"新发展格局下中国企业维持可持续、高质量发展的必然趋势，并实证检验了动态能力对大规模定制能力的直接作用和供应链弹性在两者之间关系中的中介作用。王永贵等（2023）认为在数字化定制阶段，依托于数字化技术，顾客定制的实现手段变得愈加高明，新技术的涌现也催生出新的顾客定制形态，并以希音（SHEIN）品牌为例，分析企业的数字化能力提升是加强定制化生产、应对市场变化的关键。

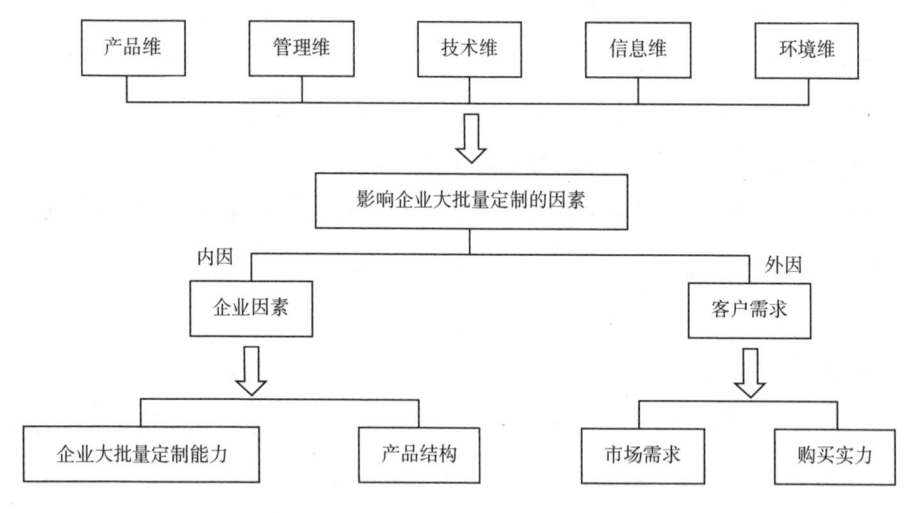

图1-1 企业实施大批量定制的影响因素

（2）基于实践观的大规模定制能力研究

邵晓峰等（2001）从业务流程重组、生产的自动化和机械化、产品设计方法、利用现代信息技术、寻找战略性合作伙伴等方面提出了我国企业实施大规模定制生产的策略。周晓东等（2003）从电子商务策略和企业制定大规模定制的具体策略提出了建议。彭正龙和许学国（2003）从流程再造、结构再造、建立学习型组织等方面提出了企业大规模定制实践能力提升的策略。但斌等（2004）从产品功能性产品族的角度对大规模定制的实施提出了建议。上述观点普遍认为大规模定制能力是以大规模生产为基础的一种独特的组合竞争战略，融合了信息技术、柔性技术等一系列高新技术。占勇（2012）从加强企业与供应商的协作管理、模块化、制造系统的动态组合和调整以及柔性物流系统、政府支持和减少准备工作方面提出了大规模定制的实践对策。熊先青（2015）等发现在家具定制中，核心技术是网络技术、信息技术、经营理念和管理思想的结合体，指导思想是"以客户为中心"的理念对家具企业原有的产品结构和业务流程文化观念等进行重构，并合理地配置企业定制资源。甄杰等（2017）发现个性化产品定制中，消费者参与产品设计可以为其带来感知乐趣，它不仅来自产品定制过程中的有效参与，还与网站互动所产生的愉悦相关。消费者的个人经验也促使其产生新的个性化需求。企业要收集客户的信息，并进行知识积累，提升企业的定制化能力。戴瑶（2021）发现面对目前的生产方式正在向市场和客户驱动的个性化定制方向进行转变，基于方法时间测量确定基准时间，一种面向大规模定制化模式的快速换型优化方法可以有效地应对需求转变。王能民等（2022）基于海尔人单合一的模式成功的关键：物联网、"互联网+"和大数据等为人单合一实现对顾客需求的精准了解提供了技术支持，组织创新和生态系统激励机制构建为人单合一模式提供了动力机制，人单合一模式实现了场景需求与系统服务解决方案供给的精准匹配。李明艚（2023）以企业为例，发现从产品工艺流程、生产计划、采购外协和生产制造等方面对生产管理策略进行优化，可以协同促进企业的定制化生产能力。

1.3.3 关于家具企业顾企互动及定制化生产的国内外研究现状

1.3.3.1 家具企业顾企互动及定制化生产的国外研究现状

目前从家具生产商和经销商（包含终端顾客）角度谈及相互关系的文献主要是客户关系管理和家具互动设计，而关于家具供应商与制造商互动的研究几乎为零。

◎ 基于互动导向的家具制造企业定制能力及企业绩效关系研究

首先,关于家具互动设计方面的研究。美国学者阿兰·库珀(Alan Cooper)在其著作《交互设计之路》《交互设计精髓》中较系统地介绍了数字产品交互设计有关知识。书中所倡导的"目标导向"的交互设计方法,体现了较为人性化的家具设计理念;美国学者杰西·詹姆斯·加勒特(Jesse James Garrett)的《用户体验要素》堪称经典。全书图文并茂地介绍了如何以客户为中心的设计方法;美国的巴克斯顿在《用户体验草图设计:正确的设计,设计的正确》中分为两个部分进行描述,主要强调的是互动体验设计的过程与方法。现代家具对于互动体验的设计主要强调如何更加平衡顾客情感和实际应用,满足顾客的体验需求。家具的这种交互设计主要涉及顾客的自我价值的实现。

其次,关于家具定制生产方面的研究。杜雷等(2000)提到了以消费者导向的设计选项作为使用标准,对软体家具行业的织物类型和颜色的选择作为定制选项。杜学红等认为,定制产品的价格必须满足顾客的预期定制增值目标。同样,对大规模定制产品的交货时间不同于其他批量生产的产品,客户会因这个问题而决定是否购买定制家具。加拿大学者利赫拉等(Lihra et al., 2008)对北美家具制造商的研究发现,制造商关于产品的定制属性最关心的是价格、交货时间和产品的复杂性。并且在加工生产前期,需要顾客及早地参与和卷入(参与点称为"解耦点"),解耦点是家具企业可以提供家具产品定制程度的指标(Lee et al., 2000; Tseng & Piller, 2003; Piller et al., 2004)。通常而言,家具定制会引起定制成本和生产周期及配送时间的增加,同时,企业要增加更多的服务以满足顾客的定制需求。如果提供定制的选项过于复杂或者要消耗很多时间,那么这家定制家具企业就不具备竞争优势。利赫拉等(2012)在"Customer Preferences for Customized Household Furniture"一文中,从家具能否定制、定制时间、物流时间、价格和顾客偏好等方面分析了顾客对于民用定制家具的选购依据。然而,家具定制化创造了产品的差异化并且为顾客提供了不同的购买经验,该模式是区别于基于价格竞争的家具生产。家具定制化的研究可以借助客户了解顾客的实际定制利益与偏好,为企业提供有价值的信息。意大利学者莫译(Moser, 2007)指出,家具大规模定制中客户也可以是学习的来源,他们提供了丰富的市场信息。另外,家具定制化是企业市场领先地位的象征,也是提高家具企业品牌识别度的方法。

1.3.3.2 家具企业顾企互动及定制化生产的国内研究现状

本研究的主要视角是基于家具制造企业和客户的互动,因此,现实中表现为较多的客户关系管理问题。

首先,关于家具制造业的客户关系管理的研究。李维梁(2003)从建立内部合作体系、客户档案和客户消费模型三个角度提出了思路。熊先青(2015)等分析了家具定制企业客户关系管理的三大关键技术:信息流的流程管理技术、进行企业资源计划(ERP)管理过程中的信息采集与处理技术及大规模定制家具CRM与ERP的集成技术,并从提高工作效率、缩短定制周期、提升客户协同定制能力、跟踪管理定制产品四方面提出了具体措施。在互动方面,胡景初(2001)从技术、产品和市场互动角度,分析了上述方法对于中国家具工业二次创业的影响,分析了高新技术和市场战略的应用方法。李赐生(2008)从家具工艺、材料、结构三方面论述了与家具创新设计互动的关系,对家具的设计思路进行了拓展。邵敏捷(2015)在《浅谈互动设计理念在家具设计中的应用》一文中,探讨"人""行为"和"产品"三因素的共同作用下,从感官互动和情感共鸣等角度分析了人与人以及人与产品的相互作用的家具互动设计。张继娟(2018)从客户群共性需求预测和订单客户需求的采集两方面对客户需求的获取方法与转换过程进行了研究,为基于时间竞争下的家具行业的大规模定制模式提供了"以顾客为中心"的思路。这样可以显著缩短产品开发周期,降低产品成本,兼顾顾客化定制的要求,实现对客户多样化需求的快速响应。柏一秋(2019)分析了客户需要轻松省心的家装服务体验,需要企业和消费者一起定制美好生活的情感诉求。因此,通过优化家具制造企业业务流程来减少企业生产成本,减少板材等原材料的损失、缩短加工周期,提高企业利润,进而实现与客户共赢、与供应商共同进步、优化产线、三方共赢的局面。邝思雅等(2022)以用户体验为导向,互联网为手段,搭建开放式创新模式。基于良好的顾客关系,实现贴近用户需求的有序、快速且精准的产品创新,实现企业构建产品与服务结合的差异化竞争优势。

其次,关于家具定制生产方面。我国对于大规模定制的研究始于20世纪90年代。杨文嘉(2002)在《崭新的制造模式：大规模定制》一文中指出,这种崭新的制造模式为中国家具的生产提出了思路,并提及用"模块化构件"的设计方法实现最终家具的定制。2003年,广州家具博览会上,业界第一次提出了"大规模定制家具"的概念。林海(2003)分析了大规模定制家具设计与传统大批量生产模式下家具设计的区别,区分了大规模定制设计的概念,分析了大规模定制的家具设计方法和设计流程,并在《家具企业实现大规模定制的途径》一文中从标准化、模块化、柔性化、业务流程重组及信息化五个方面探讨了家具企业实现大规模定制的具体途径。行淑敏等(2004)主要围绕产品开发过程、产品设计体系、制造和工艺规划体系、家具信息化管理等方向开展了相关研究。从客户需求的获取、管理与分析、家具产品信息建模、产品族匹配、产品决策及评价四个角度分析了产品开发过程。杨青海(2006)从对家具产品进行模块化、零部件标准化设计,精益生产、计算机集成制造、成组技术、流程重组等分析了大规模定制家具的指导思想。魏进(2007)从模块设计、信息传递和敏捷制造三方面谈及了家具定制的营销流程。吴智慧、朱剑刚(2011)在《家具》期刊上分别从技术体系、工艺规划体系和标准化管理体系等方面分析了我国家具企业如何实现大规模定制。吕旭成(2017)以办公家具定制生产企业为研究对象,从办公家具企业生产组织体系构建、依托ERP系统的企业组织流程和基于大规模定制的车间规划等三个方面展开系统研究。从组织生产体系方面,关注产品部件标准化、互换性、组合化、模块化设计、工艺产品参数设定、规范生产步骤流程等；依托ERP软件系统的各个管理模块和生产流程对办公家具企业内部的材料命名、产品编码、物料管控、生产通知和计划排产等；从办公家具产品制造工艺流程、设备特点出发,融入柔性化、准时化生产要求,从车间总体功能规划到产品生产流线,进行有序快捷的家具生产。张浩(2019)对板式产品定制进行研究,面对"多品种小批量"的定制生产需求,针对大规模排样优化计算时间长等问题,提出了一种基于机器学习的排样下料率预测代理模型,进一步提升定制生产的组批与排样协同优化。钱洋涛等(2023)、赵伟翔等(2023)从数据管理系统规划与前端设计、工程信息化系统构建的视角，进一步提升线下定制流程沟通效率较低的问题，提供全流程信息，增强客户的参与感，同时保证数据实时更新和可视化，提供更加优质的定制化服务。

1.3.4 研究述评

上述内容主要从互动导向、定制能力以及家具制造企业顾企互动和定制生产三方面总结了诸位学者的相关研究。

首先，互动导向理论自产生以来，引起了学界和业界的关注。学者们将其与组织间关系理论、顾企共创价值理论等相关理论相结合，研究的角度不断丰富，方法不断创新，无论在理论研究还是实证研究方面都取得了一定的进展，相关研究包括互动导向与企业绩效、互动导向与创新绩效、互动导向与顾客关系、互动导向与共创价值、互动导向的驱动因素和互动导向的应用等方面。总结发现，多数集中于互动导向和企业绩效的探讨，关于企业互动导向是如何转化为绩效的过程机制缺乏实证研究，这说明该理论较新，相关研究处于起步阶段。

相比于国外的研究，我国的相关研究主要是定性研究，角度不够丰富，研究成果较少。对于B2B的组织间互动营销的相关研究少之甚少。在实证研究中，学者应将更多的样本作为研究对象，提高研究的宽度和广度，辐射更多企业和行业。并且，结合具体行业的样本研究较少，大多停留在理论的演绎和归纳，对于互动导向在行业间、组织间、企业和组织顾客之间的实证研究略显单薄，对于林产工业中的家具制造行业的实证研究几乎没有。

其次，通过研究总结发现，国内外学界在定制能力方面的研究已经取得了不小成果。学者们普遍认为，模块化生产、敏捷制造和流程重组对于家具定制化生产很重要。对于现有的研究总结如下：一是大多侧重于研究影响定制能力的某个要素，对定制能力的总体研究不多。二是研究结论的普适性有待提高。无论是欧美国家还是中国，主要研究对象以大企业为主，对于最广泛的中小型企业作为研究对象的较少。三是研究的实证成果较为稀少。主要以定性研究和模型仿真为主，利用建模和仿真研究模块化和产品族的实现技术，实证研究的成果相当缺乏。而中国的中小型家具企业居多，国内外学者共识的观点能否有效地提升我国中小型家具制造企业的定制生产能力,就更具有理论和现实意义。

最后,国内外对于家具制造企业顾企互动研究略少,各位专家和学者针对家具定制化问题主要从互动设计和客户关系管理以及定制的技术维度进行研究。对于家具定制理论研究颇多,论述的角度不同,总结起来主要集中于三个目标:一是定制时间尽量缩短,二是尽量满足顾客的多种需求,三是定制成本要低。虽然对于顾企互动研究得很少,但为家具制造企业的顾企互动带来了一定的启示。

1.4 研究的主要内容与方法

1.4.1 研究内容

本研究结合和应用价值共创理论、组织间关系理论、大规模定制理论、互动导向理论和资源基础观理论,从家具经销商角度,以互动导向、家具企业定制能力、企业绩效和市场环境为研究对象,研究四者间的关系和相互作用。本研究从以下六个章节展开论述。

第1章,绪论部分。本章主要论述研究的背景及意义、主要内容、研究方法、国内外研究现状及述评、技术路线、创新点等,目的在于厘清研究思路,掌握国外相关研究前沿,并为研究主题提供理论和实践依据。

第2章,理论分析部分。本章首先明确了若干概念,界定了它们在本研究中的定义与内涵,为后文的各项实证研究打下基础。并且对价值共创理论、组织间关系理论与大规模定制理论和互动导向理论、资源基础观理论进行了较为系统的回顾,为本研究提供理论支撑和应用借鉴。

第3章,我国家具制造企业定制化生产及顾企互动现状。首先,对家具定制企业进行了界定和分类、对比了不同家具生产模式;分析家具定制模式的优势:破除单调统一风格,强调个性化设计,功能全面,性能卓越,注重时尚元素,增添品牌归属感等。其次,分析了家具定制市场现状,主要分析定制家具市场潜力巨大、需求旺盛促进定制家具市场发展。再次,描述具有代表性的定制家具企业生产流程。继而,从定制家具经销商概况、家具制造企业价值共创分析、家具制造企业客户管理概况等方面对家具制造企业顾企互动现状进行了描述。最后，从供应商缺乏顾客观念、挖掘消费者的需求偏好滞后、缺乏良好的交互工具、供应商对渠道关系认知不清、营销渠道管理问题较多等方面对家具制造企业顾企互动问题进行分析和总结。

第4章，互动导向下家具制造企业定制能力与绩效关系模型及调查分析。首先，明确了研究相关变量定义；其次，构建了概念模型以及提出相关假设。再次，关于问卷的设计和调查；最后，对调查结果进行分析。从顾客观念、互动授权、价值管理三方面对互动导向的内容进行分析和统计；对于定制能力中的模块设计、敏捷开发、流程重组进行统计；对基于顾客的盈利绩效和基于顾客的关系绩效进行统计；对竞争强度和市场波动两种市场环境因素进行统计；统计了基本信息。

第5章，互动导向下家具制造企业定制能力与绩效关系结构方程模型分析。首先，对问卷分析的基本方法进行了说明；其次，对问卷进行了信度和效度检验；再次，进行了主成分分析和相关分析；最后，对应用结构方程模型进行了有关分析，并得出了研究结论。研究结果显示，互动导向主要通过定制能力从整体上间接影响企业绩效，而从企业绩效内部来看，互动导向则主要通过影响关系绩效间接改变企业盈利绩效，互动导向对盈利绩效的直接影响较小；市场环境对企业绩效的影响主要通过间接影响互动导向和定制能力实现；企业绩效中关系绩效作用明显大于盈利绩效；市场环境中竞争强度作用明显大于市场波动；定制能力中敏捷开发和流程重组的作用明显大于模块设计；互动导向中顾客观念的作用明显大于互动授权和价值管理。

第6章，基于互动导向的家具制造企业定制能力及企业绩效提升的管理启示与对策。本章首先分析了相关的管理启示；其次，针对家具制造企业及其管理者，提出基于企业间"互动导向→定制能力→企业绩效"研究路径的具体建议。

1.4.2 研究方法

基于互动导向的家具制造企业定制能力提升以及企业绩效关系研究内容较复杂，本研究采用了文献研究与实证研究相结合的方法来探讨有关问题。具体而言，本研究将运用以下几种方法。

(1) 文献分析法

广泛查阅国内外相关文献资料，跟踪了解我国家具制造企业的发展情况，掌握国内外关于互动导向、大规模定制、共创价值、组织间关系以及资源基础观等理论的前沿动态，通过理论分析构建本研究的理论模型和相关假设。对顾客观念、互动反应能力、顾客授权、顾客价值管理、定制能力、模块化设计、敏捷制造、流程重组、基于顾客的关系绩效、基于顾客的盈利绩效、市场环境等重要概念的相关文献进行了广泛的查阅和分析。

(2) 实地访谈法

对杭州两家较大规模的家具定制企业负责销售和生产的高管进行深入访谈，并以哈尔滨市区为主，与几位代理商和业务员以及家具销售企业高管进行沟通，深入了解相关企业产品研发的驱动因素、定制营销中遇到的问题与挑战，以及应对策略，以验证文献研究中的有关认识，并修正、补充文献研究的不足，根据访谈结果对问卷进行修正。

(3) 问卷调查法

研究数据的获取包括预调研和正式调研两个环节。借鉴相关各领域已开发的量表，根据本研究写作背景以及中国语言环境，设计问卷，结合理论分析与实地访谈开发比较科学的问卷。首先，收集文献中被多次使用的题项并进行筛选，对英文量表采用二次翻译法以保证翻译过程的等效性；其次，对量表按照我国语境进行修改；最后，结合专家意见和研究需要对量表题项进行修正、删除和补充。在数据采集上采用面访的方式发送问卷，获取研究我国家具制造商和经销商互动、定制能力以及企业绩效关系的原始资料。

(4) 统计分析法

运用 SPSS 统计软件进行问卷描述性统计以及进行相关分析、主成分分析以判断各维度中的指标重要性程度，并采用 AMOS 软件构建基于互动导向、家具企业定制能力、企业绩效和外部环境的结构方程，并验证提出的假设，具体把握互动导向在我国家具企业定制中的应用。

1.5 研究的技术路线和创新之处

1.5.1 研究的技术路线

研究的技术路线如图 1-2 所示。

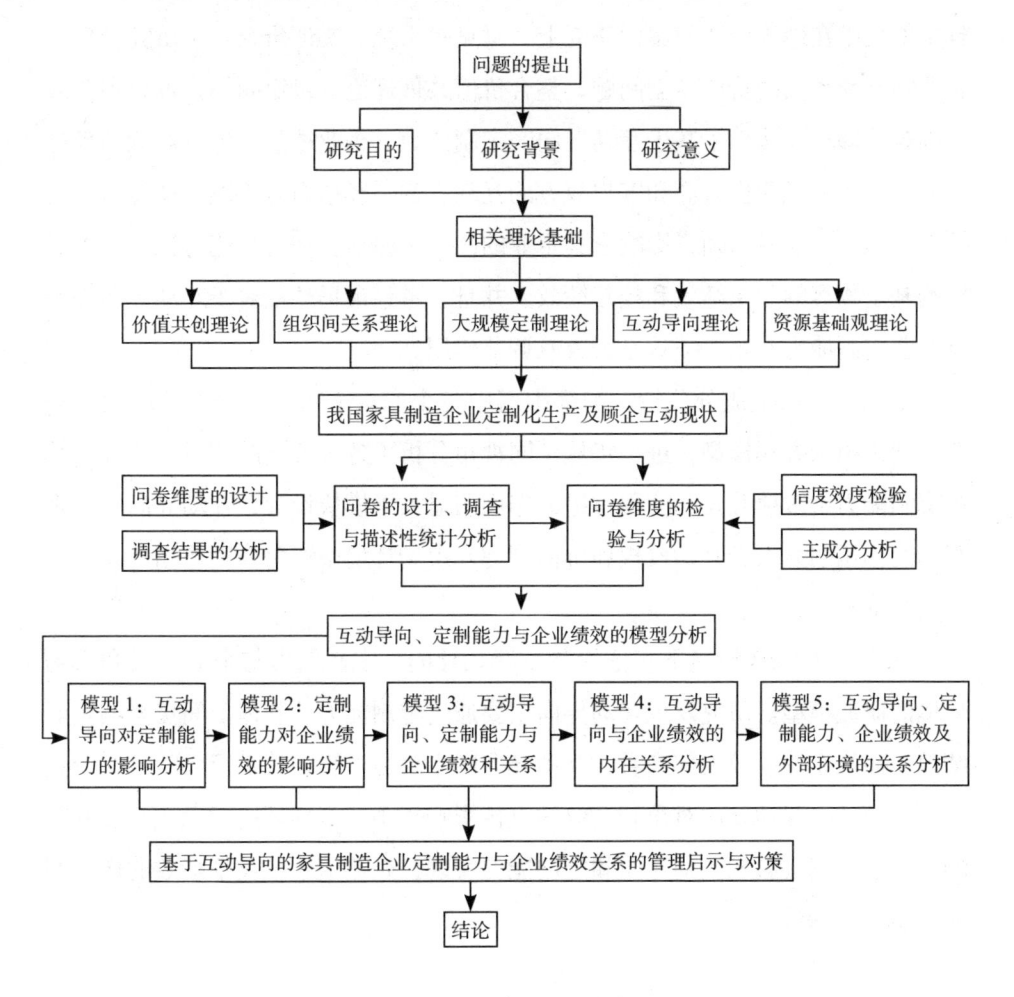

图1-2 研究的技术路线

1.5.2 可能的创新之处

信息网络的高度发达、顾客需求偏好的不确定性、新旧技术变革的巨大冲击、企业产品创新的市场适应性等因素促进了家具制造企业互动导向的不断提升。家具制造企业在生产加工过程中，如何通过与经销商互动获得有效的市场信息，并将信息作用于企业的生产，提高企业的定制能力，提升家具企业经营绩效，本身就具有一定的前瞻性和创新性。本研究的可能创新点如下：

第一，从 B2B 的视角对有关问题进行实证研究。已有的以互动导向为基础的价值共创研究大多集中在 B2C 领域，对 B2B 领域的价值共创研究甚少，且主要集中在理论论述和案例研究上，鲜见较系统的实证研究。本研究聚焦于企业间互动导向的价值共创问题，整合价值共创理论、组织间关系理论和资源基础观等理论，构建了基于互动导向、定制能力、企业绩效和市场环境的理论模型。该模型说明供应商和客户双方的互动影响，经销商对于顾客观念、互动授权和顾客价值的认知，影响家具企业的知识资源整合和定制能力提升，进而影响基于顾客的关系绩效和经营绩效。并且，考察市场环境对于互动导向和家具企业定制能力和企业绩效是否具有调节作用。

第二，利用主成分分析，测度维度中各个变量（问卷问题）的影响力顺序。利用结构方程模型，进一步从不同视角分析了各维度间的相对重要性。其中定制能力中敏捷开发和流程重组的作用明显大于模块设计，互动导向中顾客观念的作用明显大于互动授权和价值管理，市场环境中竞争强度作用明显大于市场波动。

第三，在 B2B 情境下实证检验了互动导向、定制能力与企业绩效和市场环境的研究模型。研究发现互动导向主要通过定制能力从整体上间接影响企业绩效。而从企业绩效内部来看，互动导向则主要通过影响关系绩效间接改变企业盈利绩效，互动导向对盈利绩效的直接影响较小。市场环境对企业绩效的影响主要通过间接影响互动导向和定制能力实现，企业绩效中关系绩效的作用明显大于盈利绩效。

2 相关概念界定与研究理论基础

2.1 相关概念界定

2.1.1 家具定制企业

家具定制企业是相对于非标准定制企业而言的，主要指按照顾客的要求实行定制生产的家具组织。家具定制企业主要分为两类：第一类是标准化的定制家具，如好莱客、索菲亚、尚品宅配等企业，实质走的是大规模个性化定制路线，也包含一些中小型标准定制化加工生产企业。第二类非标准化的定制家具，是真正按照顾客的要求生产，但产品质量和生产要求无"标准"可言。

在实际调研和走访中，几乎所有的家具制造企业或多或少都实行了定制化思维和采用了定制化技术。这里的定制化既包含个性化定制，也包含大规模定制。另外，标准化作业也可以按照顾客的要求进行调整和组合，也含有定制化特征。综上所述，本研究的侧重点是板式为主、有定制意向及定制行为的民用家具制造企业（下文统称为"供应商"）。

2.1.2 B2B 组织间关系

本研究的对象侧重组织市场（B2B）中供应商与客户之间的双边关系。其中，一方被称为供应商，即那些向组织顾客提供产品或服务并与之构成交易关系的组织；另一方被称作客户（或者顾客），是指从供应商那里购买产品或服务的组织，这里的客户主要指经销商、代理商等。

家具制造企业作为相对灵活的专业供应商，表现出以经验为知识来源、管理灵活、顾客定制化提供商的特征。随着外部环境的复杂性、风险和创新成本的增长，家具企业定制能力的提升越来越依赖外部来源。为了获取外部研发知识，企业除了分包给外部研发组织或者参与外部合作者的研发合作项目外，对于我国现代化生产水平不高的家具企业，应当开放创新过程让所有外部团体参与并提出新想法。

对于家具供应商而言，客户是家具企业重要的可操作性资源，他们了解终端消费者的需求，帮助企业进行持续营销并实现企业经营绩效最大化，进而促进双方关系的良性迭代，形成更深层次的相互依赖。经销商和代理商等客户代表了不同消费者利益，能够在销售过程中深入了解家具购买者的需求和诉求点，能够站在消费者的角度分析产品的特点，了解家具产品改良的创新点和消费者的定制需要，促进家具产品的改良和设计。

2.1.3 市场环境

这里的市场环境是指企业经营的外部环境，一般指企业所处市场的竞争强度、市场波动状况。竞争强度是指竞争者之间竞争激烈程度，市场波动是指顾客偏好的变化程度。市场环境会对企业的经营决策和经营效果产生影响。

通过上述概念的梳理，本研究重点讨论供应商和客户的合作。这种合作包含企业间合作、企业间的知识转移、企业间共创价值及长期合作。企业间的合作能有效降低定制成本：通过和顾客共同设计完成定制化的产品或服务；通过对标准化的产品进行改进满足顾客，实行嵌入式的定制化；通过模块化的生产即标准化的产品来满足顾客各种特有的需求，对定制化的产品或知识进行扩散和扩展。在扩散中，互动沟通渠道、社会体系、知识资源等扩散主体（如扩散科技和知识等）是核心要素。

2.2 理论基础

任何新营销理论的提出与完善都是以营销理论的演进和营销实践的发展为背景和前提的。互动导向理论的提出及发展，除了与企业目前所处的互动营销环境的实践要求密切相关外，更重要的是营销学界近年来发展的价值共创理论、组织间关系理论、资源基础观理论，对互动导向理论的形成具有十分重要的推动和支撑作用。然而，目前关于互动导向的理论基础研究鲜有全面的分析和诠释。为此，本研究在深刻剖析互动导向内涵的基础上，对其理论基础进行了系统梳理，深化了互动导向的理论基础。并且，结合大规模定制理论，对于家具制造企业的定制使能因素等也进行了相关分析。

2.2.1 价值共创理论

价值共创作为一个关键术语从组织角度定义价值，通过组织和顾客间互动促使双方受益并产生价值的过程。价值创造不应该只从企业生产的角度分析，还应该包括顾客从企业提供的产品和服务中的自我价值的实现。服务主导逻辑也包含价值共创的思想，认为价值是一个企业与其顾客实现价值的联合生产的过程。通过双方的合作，供应商不断升级并且提升自己产品和服务的品牌知名度，吸引顾客在日常使用中贡献其知识和能力并改进产品。这样，产品和服务才真正实现了使用价值，而不是局限于表面的出售价格。因此，只有终端受益者才能决定这种价值是否能实现。

尽管学者们需要在共创价值中与越来越多的顾客参达成共识，但这只是主观和程式化的价值理解。而对于共创价值的定义却存在分歧。如芬兰学者萨里耶尔维等（Saarijärvi et al., 2013）所言，通过 B2C、B2B、C2B 或者 C2C 等不同的价值交换对象，不同企业和顾客（企业或者顾客）的角色，"价值""共同""创造"对于企业和顾客会指向不同的价值类型。

2.2.1.1 理论演化路径

价值共创理论作为企业管理学的概念第一次出现在美国学者普拉哈拉德和文卡特拉马斯瓦米（Prahalad & Ramaswamy's, 2004）的文章里。作者在其前期的文章中（2000）提到，消费者和供应商通过扮演不同角色在市场上相互协作，进而超越传统的"价格"概念演变为"价值"概念。

随着该研究的深化，大量学者从不同角度进行了研究。价值关注点由交换价值领域转换到使用价值或体验价值领域。学者们从服务营销、创新管理，多对多市场营销、现代市场营销（Saarijärvi et al., 2013），消费文化理论等角度对价值共创进行了研究。共同创造价值的概念改变了一些特定领域的营销模式，如企业营销、体验营销、商务沟通和品牌营销等原有的范式，成为新的研究方法（Galvagno & Dalli, 2014）。

从服务主导逻辑的角度来看，相对于产品，服务更应该成为交换的基石，因为在激烈的市场竞争中，企业唯有通过提供服务和产品，才能使顾客受益。共创价值理论是服务主导逻辑的基础，因为通过合作，促进市场获得更多的供给并产生效益（Vargo & Lusch, 2004；Vargo 2009）。相应地，按照此逻辑，所有经济体视为服务经济，社会和经济的元素集成整合成操作性资源，这些资源成为竞争优势的基础。事实上，公司不是直接提供价值，而是在与顾客的互动中提供价值主张。因此，通过科学服务方法与顾客共同创造价值，即当不同系统的资源与服务内容整合时，才会创造价值（Vargo et al.，2008）。不同服务系统配置价值包括人、技术和有意义的价值主张。这种方法从一个更宏观的视角补充说明了基于服务主导逻辑方法共同创造价值的观点，有利于进一步理解不同系统之间是如何共同创造价值的。

在商品主导逻辑下经济交换的目的是将产品售出。一个企业生产过程包括从其他企业那里获取资源，然后借助这些资源将价值或效用根植于产品中，同时产品的价值依靠市场价格或消费者是否愿意购买来衡量。从这个视角来看，效率最大化（利润最大化）是通过标准化和适度的经济规模实现。在商品主导逻辑下，顾客位于价值链之外，其定位是产品的消费者，如图2-1所示。商品主导逻辑下的顾客位置容易引起企业的短视行为，认为企业的知识增长来自企业内部的知识，无须外部资源的补充，无须重视消费者的需求。显而易见，这是不科学的。

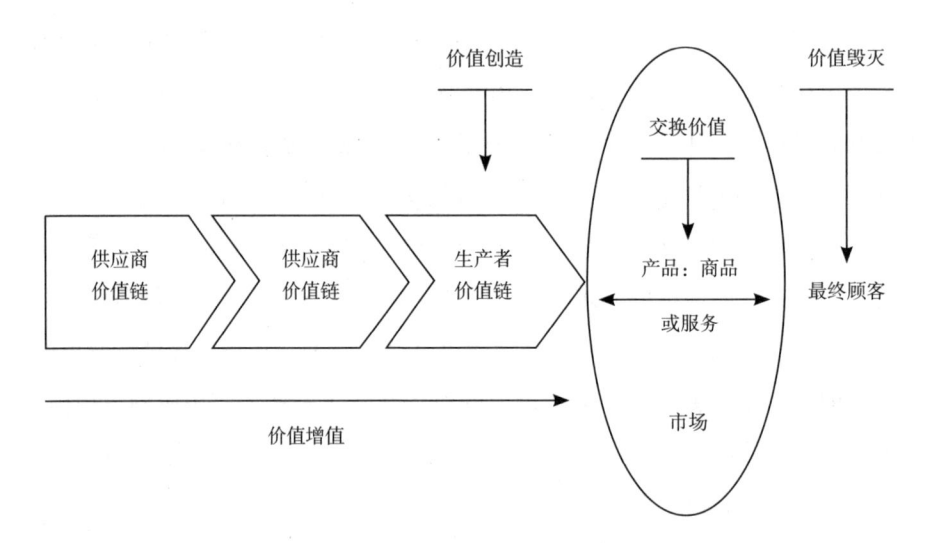

图2-1 商品主导逻辑下的价值创造（Vargo & Lusch，2004a）

根据美国学者瓦戈和卢施（Vargo & Lusch）的观点，企业通过消费者接受企业的价值主张后，与消费者共创价值。从服务主导逻辑的角度，服务成为经济活动的基本组成成分，商品是服务交付的工具。从价值创造的角度来看，顾客角色发生了转变：由价值毁灭者向价值共创者转变。不仅如此，只有顾客才能对价值进行评价。

由于企业存在于由众多相互关联的组织组成的复杂的经济系统中，我们有理由认为组织是存在于网络中的某个节点的观点。这个观点取代了传统的由波特提出的价值链观点，价值链是假设价值的线性流动以及资源从原材料提供商流向生产商、分销商最终到消费者的二元流动关系。批评者发现波特的价值链理论不能解释现代社会环境中出现的企业对企业（B2B）、企业对顾客（B2C）和顾客对顾客（C2C）关系的多方向性和复杂性（Bovet & Martha，2000）。现在的商品或服务从开始的设计、制作到最终递送到顾客手中需要借助复杂的过程交换和关系转变。也就是说，价值链已经融入了价值网格中，更普遍的是指价值网络（Holweg & Pil，2006），即由各种参与者或不同主体为了给他们的直接顾客或最终顾客传递价值所形成的复杂关系网络。

组织间营销强调客户网络的作用，强调组织内不同的分工和重要意义。例如，包括中介机构、员工、社区等共同创造的价值（Saarijärvi et al.,2013）。从创新和新产品开发的角度而言，共创价值是创新的重要来源（Bogers, Afuah & Bastian，2010）。

从当代营销角度来说，共创价值理论关注的是消费者在设计中的参与作用。相对于供应商，消费者被定义为潜在客户（Bendapudi & Leone，2003）。最后，基于消费文化理论的角度，共同创造价值作为一种手段符号和文化价值观，是与市场的供应紧密联系的，并帮助消费者实现他们的预期目标。

近年来，随着大数据、物联网等互联网技术的应用和"消费者主权论"的发展，顾客的角色由被动的价值接受者转变成价值的主导者参与到企业的价值创造活动中，顾客的参与为企业的知识共享注入了新动能（刘林，2019）。

对于共同创造价值的不同方法的描述表明，不同的领域和视角实施共创价值的收益也存在诸多差异。学者们从不同的视角研究服务逻辑导向与公司价值之间的关系。有的从企业相关价值的角度研究，有的研究企业价值升值的机理，还有从客户端研究价值升值，其角度各异，结论不同。

2.2.1.2 研究分类

（1）基于营销逻辑角度的价值共创

美国学者马格里奥和斯波勒（Maglio & Spohrer, 2007）认为，能否把握这些共创价值的系统运作方式，代表了服务行业系统的基础创新，因为相关知识能够促进设计、改进和扩展服务系统的实现。甚至有学者指出共同创造价值创造了新的研究范式，成为共同创新的研究基础。在这个框架下，相关学者试图分析究竟哪个环节促进了创新和共同创造价值。创造价值定义源于消费者在日常生活中使用的产品和服务，而共同创造的价值需要在公司和客户之间的相互作用下产生。因此，共创价值存在于三个领域：客户群，客户和企业间，供应商群体。美国学者佩恩（Payne et al., 2008）论证了这些流程同样存在于顾客价值创造的过程和供应商价值创造的过程中。芬兰学者克里斯蒂安·格伦鲁斯（Grönroos, 2011）和拉瓦尔德（Ravald, 2011）的观点认为，不是客户主动与公司共同创造价值，而是公司主动与客户共同创造价值，前提是当客户允许这种合作的时候。因此，这是顾客主导的逻辑结果。公司了解客户的体验和使用价值，这代表了服务主导逻辑的起点（Heinonen et al., 2010）。主导逻辑的概念意味着使用价值属性的改变，从生产式操作到嵌入式操作，并从关注企业主导的角度转换为关注客户主导，改善了创新的不连续性（Michel, Brown&Gallan, 2008b）。供应商通过和顾客共创价值并从顾客服务过程中汲取经验，在今后的生产中将做出更大贡献。企业与用户之间的互动正成为价值创造的中心（谢洪明，等，2019）。以云计算、人工智能和5G为代表的新技术集群融合发展，同时，2020年新冠疫情事件加速了线下经济向线上经济的迁移，依托市场，用户群体和企业之间对话互动更加频繁（杨学成，2021）。

（2）基于产品以及新服务角度的价值共创

大量关于共同创造和开发新产品/服务的文章，认为可以将共同创造价值的方法应用到新产品和服务中。美国学者博格斯（Bogers et al., 2010）指出哪些使用者是共创价值的缔造者：最终的消费者，公司，中间顾客。大量的文章（Kozinets et al., 2008; Nambisan 和 Baron, 2007; Nambisan 和 Baron, 2009; Kohler et al., 2009; Fueller, 2010）通过对创新之道的探讨，认为技术投入能促进消费者的参与并共同创造价值。

瑞典学者威特尔（Witell et al.，2011）指出共同创造价值活动期间不仅意味着联合创新共同创造价值（使用价值），也在创新过程中为他人创造价值。同时，美国学者兹瓦斯（Zwass，2010）认为共创价值是一种创新行为，它不仅是公司的自发行为，在公司治理中发挥共创价值的职能，同时个人和社区通过自愿参与产生活动价值，即此类活动通过企业方提供的平台得以实现。

美国学者科瓦和达利（Cova & Dalli，2009）指出消费者在这些流程中的角色是作为雇佣消费者，认为消费者是价值的主要来源，并促进实现创造价值。这些新的消费者既不是合作伙伴，也不是合伙人，而是无形意义上的工人，其工作结果为其他消费者提供益处，进一步促进了市场优化。

美国学者邦苏和达莫迪（Bonsu & Darmody，2008）指出，授权客户共同参与价值创造活动，这些活动促进了生产制造方的价值活动升值。相反，美国学者福尼尔和艾弗里（Fournier & Avery，2011）认为，消费者有权决定是否、何时、与哪些品牌进行交互。美国学者南比桑和巴朗（Nambisan & Baron（2009）以及奥地利学者菲勒（Fueller，2010）认为要识别消费者的参与动机，也许他们的参与源于参与过程中可能获得的好处，这些并非经济学的驱动动机。简单的反应、认识或体验的交互可能促进更多反馈。通过苏格兰学者布罗迪、马来西亚学者霍勒贝克、新西兰学者尤里奇和伊利奇（Brodie, Hollebeek, Juric & Ilic，2011）的研究，这些互动和共同创造价值的核心是顾客主导式的参与。因此，研究的重点落在信息传达的实际结果以及共同创造价值过程的本身，更具体地说，是在互动过程中实现的（Bolton 和 SaxenaIyer，2009；Nambisan & Baron，2007）。组织间价值共创，形成的创新的通用性互补性资产比独立企业的专用性互补性资产的作用更大（韩勇，2022）。

美国学者罗伯特·卢施（LUSCH RF et al.，2015）与商品主导逻辑不同，基于价值的服务主导逻辑认为，源于主体资源的差异，服务是交换的决定性因素，资源是服务交换的基础，而服务交换本身即为客户参与的价值共创过程。在"服务提供者—服务接受者"二元结构中，当接受者与提供者所提供的资源产生交互时，就会发生价值共创。

（3）基于体验和顾客忠诚的价值共创

对于共创价值，吸引了更多学者进行相关扩展研究，诸多学者延续了美国学者瓦戈和卢施（Vargo & Lusch，2006）的观点。从共同创造视角区分使用价值，即顾客参与过程中创造的消费价值，涉及在实际生产服务过程中消费者的参与和合作。

美国学者弗兰克和德国学者施莱尔（Franke & Schreier 认为，消费者感知产品独特的设计，卓越的审美和功能价值。因此，可以支付产品相应的额外价值。美国学者诺顿、莫雄和艾瑞利（Norton，Mochon & Ariely，2012）基于此概念以宜家为例进行经济效应的相关研究：通过组装的产品使消费者感到自己的胜任力，这种自我肯定的胜任力是通过他们参与共同创造价值体现的。利用这种效应，企业需要把握协同生产活动固有的决策过程，注意不同阶段的特征：参与条件的设置和开发阶段，参与动机的发展阶段，计算合作成本与效益，刺激产生合作效益。最后，进行结果和过程的评估（Etgar，2008）。

美国学者爱德华森、恩奎斯特和约翰斯顿（Edvardsson，Enquist & Johnston，2005）指出，消费者参与可以而且应该开始于服务体验之前，通过提升消费者的预购服务体验，会促进消费者乐于互动、提升个性化价值体验，从而提升消费者忠诚。按照同样的研究路径，美国学者董北贝、埃文斯和邹绍明（Dong，Evans & Zou，2008）指出通过和消费者共创价值同样可以提升企业的服务水平。因此，客户参与也可以看作一个筛选客户的过程，从而提高未来的共创感知价值，提升顾客满意度，更好地把握企业的发展趋势。其关键要素即赢得顾客未来的忠诚，包括：把握消费者的共创价值的体验和感知公司如何利用其资源帮助消费者，将他们的知识文化资源集成到项目的提取价值的框架内实现（Arnould，2005）。随着信息技术与互联网技术的不断发展，共创生态系统多元互动中的感知有效性、互动情感和互助性对心理所有权对于价值共创具有影响力（周雯，2022）。

（4）基于顾企关系的价值共创

顾企关系，包含公司和他们的客户之间的关系，即企业间的关系（B2B），以及企业和他们的终端顾客的关系（B2C）。通过这些关系反馈的设计资源和优势进而提升企业价值。美国学者张美秀、迈尔斯和门策尔（Cheung，Myers

& Mentzer，2010）讨论了共同创造价值的公司之间通过关系相互发展。美国学者科瓦和萨尔（Cova & Salle，2008）谈及共创价值的对象不仅包括共同创造的供应商网络中的参与者，还有那些归属于客户网络的对象。但是在相关研究中，缺乏对于企业间营销的研究。

英国学者佩恩、荷兰学者斯托巴卡、澳大利亚学者弗劳和英国学者诺克斯（Payne，Storbacka，Frow & Knox（2009）对于 B2C 的研究表明，相互关联的体验与品牌共同创造和管理品牌体验很重要，强调该公司需要通过情感沟通支持共同创造的过程，并且构建认知支持体系和行动支持体系。消费者通过市场交换来获取自己所需的产品和服务，并在消费过程中消耗或者"毁灭"价值。共同创造价值的市场营销的核心因素正是源于企业和客户之间的互动。这里，供应商和中间商扮演着不同的角色，参与主体双方在会遇过程中，需要双方交换资源，企业才能获得适应其经营管理和关系的资源与实践，顾客也能获得用来管理他们行动和实践的资源。刘汕（2022）在数字经济背景下，基于平台的主体间的连接、互动、交换和交易行为，强调价值创造、传递和获取作用的顾企关系。顾客在参与设计和生产定制产品的过程中，和企业团队形成了虚拟团队的合作关系，进而和团队成员间形成了知识交换，以及认知参与和情感参与的顾企互动和价值共创。

2.2.1.3 价值共创理论与家具企业定制生产

家具作为美学产物，除了凝结设计师的个人灵感和设计理念外，更多的是要满足顾客的需求。中间商作为中间顾客，考虑的是家具产品的市场适应性，是否符合自身代理品位和企业形象，是否符合区域销售特点。消费者购买家具尤其是定制家具，考虑的是产品是否和自我认知、个人体验和消费偏好相匹配。因此，家具企业在定制生产销售中，本身就需要深入市场，了解客户和消费者的购买需求，基于产品营销和服务营销的角度进行产品创新。从顾客体验和顾企关系等方面强化价值共创，促进家具企业定制商始终从供应链和价值链的视角审视自己的角色，不断联合其他组织实现共赢，促进家具企业的定制能力提升，继而实现企业价值。因而，价值共创理论对于家具制造企业认清自身所处的复杂的经济系统中的身份，提升基于产品和服务营销以及顾客体验的价值共创具有理论指导意义，具体如图 2-2 所示。

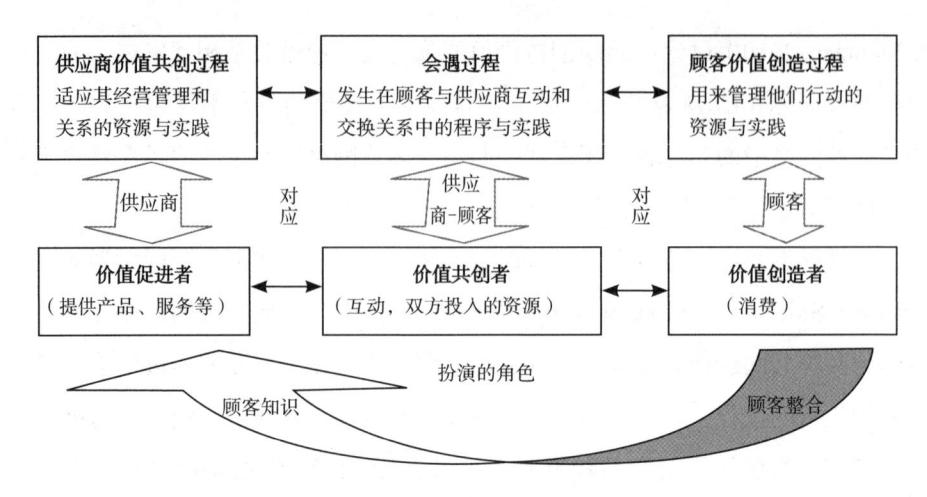

图2-2 价值共创概念框架

2.2.2 组织间关系理论

组织间关系是指两个或多个组织依据相互作用、彼此依赖、信任建立的以资源为基础的交换、流动和传递的关系。其特征为：①彼此相互依存；②关系具有时效性；③组织互动性；④关系具有嵌入性。

2.2.2.1 组织间关系的理论视角

学者们对20世纪60年代以来有关组织间关系研究的文献进行梳理，总结统计出组织间关系研究的7个理论模型，分别是交易成本经济学、资源依赖理论、战略选择理论、利益相关者理论、组织学习理论、制度理论、组织生态理论。七大模型可以置于一个概念连续统一体中，这为后来的相关研究做好了铺垫，如图2-3所示。

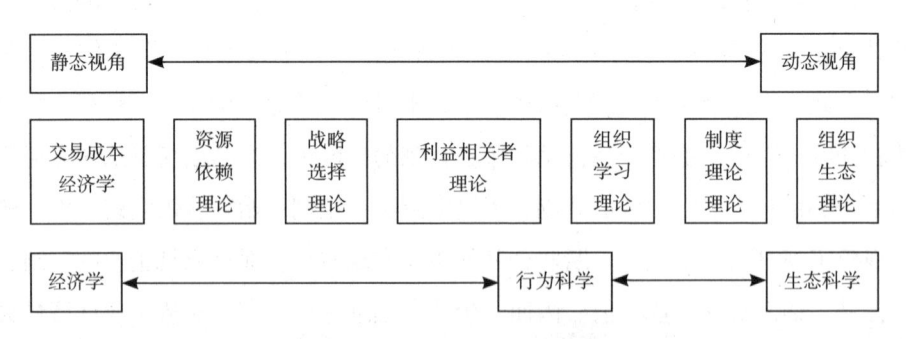

图2-3 组织间关系的理论模型

2.2.2.2 组织间关系的演变

从发展趋势判断，组织间关系由竞争走向合作。在经济全球化、经营网络化时代，以合作求竞争、合作起来把饼做大、竞争起来把饼分掉等组织间关系理念已经成为企业家的共识。美国学者哈里略（Jarillo，2011）认为组织成员通过互动关系，能在信息、技术、资源等方面获得持续的竞争优势。组织间通过合作获得资源升级，产生竞争力，这样的组织关系才能保持长久稳固。

从价值转换角度分析，组织间关系实现了从单打独斗到双方共赢的局面。企业通过组织信息交流和内外知识交流获取资源，由关注私有利益转向关注共有利益，由企业短期投机利益转向关注长期共赢稳固利益。

①协同创造的价值——网络租金。在新时代经济背景下，企业已经从追求市场垄断地位的垄断租金、依靠企业独特资源和能力获取李嘉图租金及彭罗斯租金、从注重创造能力获取熊彼特租金，发展到不断尽力参与价值链环节的互动资源整合，提升学习能力，交换并获得资源产生合作专有租金。同时，同价值链上的各主体产生战略合作伙伴关系，实现了从价值链、价值系统到价值网的跨越。

②关系创造的价值——关系租金。企业间通过竞合产生独特的价值创造机制，由此产生长久的、具有竞争力的关系租金，企业借机发展具有独占性、维持性和难以模仿性的特征，促使企业获得倍增的价值增长空间和价值创造能力。

③从组织间资源运用及资源性质看，由单纯依赖走向整合运用，由注重实体资源变为注重关系资源、战略资源等无形资源。企业通过整合和再造，形成一种具有自组织特征"复合资源体"，通过组织互动等作用，在适当的条件下将演化为具有竞争实力的"价值资源体"，一种能为企业带来独特竞争优势的战略性资源。

组织需要根据企业战略、市场定位和组织目标选择使用资源互补形式，如图2-4所示。

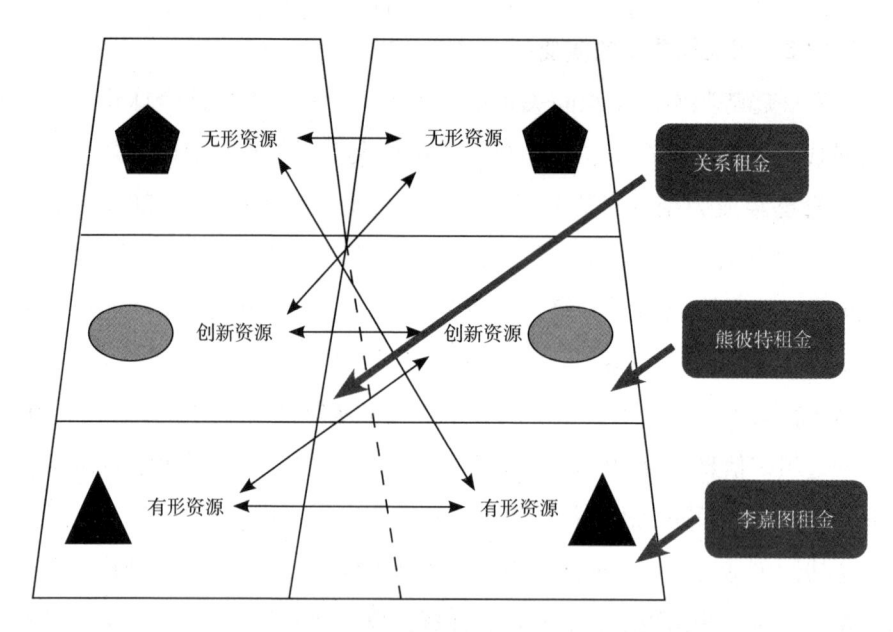

图2-4　资源嵌入企业的组织间关系与租金创造形式

资料来源：王作军，任浩.组织间关系：演变与发展框架［J］.科学学研究，2009，27（12）：1804.

2.2.2.3　组织间关系与家具企业定制生产

家具企业的定制生产和销售离不开与中间商（客户）良好关系的搭建。中间商帮助企业实现产品的物流、信息流和资金流的转移，以及产品的升值，而中间商也通过和供应商的合作实现自身盈利。家具企业的组织间关系由竞争走向合作，双方相互依存，从单打独斗走向双方共赢，通过资源整合和共享，将促进双方企业在适当的条件下，转化为具有竞争力的战略性资源。因而，组织间关系理论将促进家具企业实现良好的互动以及融洽的顾企关系。

2.2.3　大规模定制理论

2.2.3.1　大规模定制概念的产生和发展

大规模定制是一项关注个性化产品或者服务的企业生产战略。它通过模块化设计、柔性生产、供应链成员间的合作，既满足顾客的个性化需求，又兼顾批量生产效率，同时借助先进的生产加工设备和混合排产等技术进行大规模生产的模式。2001年至今，有关大规模定制的研究突飞猛进。计算机技术的广泛应用、新制造技术的进步以及更具结构化的顾企互动方法的推进，为大规模定制提供了新的研究思路。

1993年，美国学者派恩等（Pine et al.）作为标志性人物，首次对大规模定制进行论述，引导学者们对于大规模定制开始深入的研究和实践。2003年，美国学者麦卡锡等（MacCarthy et al.）进一步细化了大规模定制的双重概念。他认为大规模定制是双向驱动生产和服务的技术，在信息处理的基础上，进一步递送生产和服务的相关信息。这些产品和服务是在大批量生产的成本范围内有效满足个性化的客户需求。

综上所述，大规模定制的概念有广义和狭义两个方面的解释。

广义而言，大规模定制作为现代的生产和管理模式，以大规模的生产效率为顾客的个性化需求提供更多细化的产品和服务，通过加工的敏捷性和生产柔性以及高度的技术集成性，在满足顾客独特性需求的同时获得批量经济效益的收益。

狭义而言，大规模定制强调以顾客偏好为中心，利用信息技术，从顾客需求的角度将大规模定制和敏捷制造相结合。该生产模式贯穿于设计开发、生产营销和物流配送的全过程。

2.2.3.2 大规模定制的特征

①多样化和个性化的需求；

②多元化的细分市场；

③低成本、高质量、定制化的产品和服务；

④短的产品开发周期；

⑤短的产品生命周期。

2.2.3.3 大规模定制的原则

（1）以满足客户订单为中心

美国学者巴拉德瓦伊（Bharadwaj et al.,2009）表明，顾客因满足自己个性偏好需求的定制化产品，会更显自信。顾客需求源于对现有产品的不满，是顾客期望价值和顾客实际得到的价值差异。因此，企业应该结合顾客的需求进行针对性定制，提高产品定制质量。

（2）多样化和低成本并重

大规模定制追求产品形式、功能等的多样化，还要兼顾成本经济化，提供让消费者支付得起的产品或者服务。

（3）范围经济

范围经济是指企业通过调整产品的加工模块，尽量加快产品的加工速度，并减少个性化定制的小范畴加工成本。

（4）产品族和产品平台

在于范围经济的基础上，由单个产品线调整为模块化生产模式，将相似的产品特征聚集归类，形成产品族，并在同一个操作平台上生产加工。

（5）柔性制造和计算机集成制造

柔性制造是应用数控技术和软件编程来控制产品的零部件制造，用同一设备生产出零件族和产品族中的所有产品。大规模定制是一项关注个性化产品和服务的企业生产战略。通过模块化设计、柔性生产程序、供应链成员间的集成，大规模定制为每个顾客提供个性化的产品和服务的生产模式。作为重要经济组成的制衣业、汽车工业和电脑装配等行业，大规模定制是极具优势的具有驱动意义的生产加工方式。

（6）信息技术和网络技术的应用

大规模定制的企业需要迅速而准确地获取多样化客户需求，无论是市场信息获取的技术还是生产技术对于大规模定制都非常重要，因此，要不断地提高定制技术水平。这里的技术既包括学习概念，也包括单纯的技能概念。就目前而言，先进的快速生产制造技术成为提升企业定制能力的研究热点。

大部分学者都赞成大规模定制能力的外部重要来源之一是向客户学习，通过整合向客户获取的知识以提高定制能力、降低后续定制成本，因而，对于企业而言，组织学习表现在对行为或结果改变的外部学习，有助于企业改进产品和改善流程。

（7）具有知识和技能的专业人员

主要指企业专业型和知识型人才的培养。企业员工要与时俱进，具有学习理念和市场敏锐性。

2.2.3.4　企业定制生产的使能因素

（1）方法

大规模定制必须依靠精益生产和敏捷制造方法。以及时、迅速地响应顾客的个性化定制需求，满足不断出现的细分市场消费倾向。另外，精益制造是敏捷制造的先决条件，是指生产中通过人员结构、组织运行方式的变革，精简生产和营销流程中一切繁杂的系统，迅速适应市场的加工生产方式。

（2）客户订单拉动

大规模定制依据顾客的需求进行设计和生产，应该借助相关的系统和工具支持顾客的卷入以完成定制产品的设计。企业应该提供相应的决策支持系统以促进顾客和供应商的交流。企业需要建立数据库，并基于模糊逻辑的混合决策系统来表示不同顾客的偏好属性；或者使用模糊聚类和相关分析，根据顾客的偏好创建同质组客户；通过一致性分析确定客户关系，确定哪些是可有可无的服务并与之相关联的不重要的属性，并提供给细分市场客户具体的细分定制服务选项。

（3）产品设计平台

大规模定制中的产品设计平台是一系列集合共享的产品集合，利用它能够高效地创造和产生一系列派生产品。组件通用性和品种之间的平衡是平台的设计关键，有三种办法来实现：最优导向方法、基于索引的共性方法、基于其他指数的方法。通用性和模块化是产品平台的两个基本特征。

（4）先进制造技术

先进制造技术是促进大规模定制的重要因素。除了满足客户需求，协同设计/生产应用，计算机技术等也收集了客户的偏好和需求等信息。被客户使用的定制系统会分析替换定制选项，支持购买决策以及公司定价、设计、生产计划、收集产品的过程信息。虚拟协同设计系统实现不同设备或企业合作的设计活动。

（5）信息技术

实行信息系统，是大规模定制的目标。近年来，互联网和电子商务得到广泛应用，大规模定制也采用了相关技术。

（6）用户和供应商的交互

用户和供应商的交互，也是生成和处理MC订单的活动描述。主要按照建立产品目录、配置客户订单、将订单转移生产、按订单定制生产四个步骤实现。受电子商务普及的影响，越来越多的厂家使用互联网来缩短供应链参与者之间的距离，通过互联网等实现顾客和企业的远程交互，实现定制化生产。

（7）供应链协作

大规模定制中产量与需求之间的矛盾需要协调，究竟以订单为准还是库存为准的生产供应链之间的矛盾，需要依靠供应链重新分类整合、调整产品线和特殊产品加工程序来协调。

（8）延迟策略

大规模定制能否顺利实现还要依靠延迟策略。其中，确定客户订单分离点（DP）代表了在哪一阶段，客户可能影响设计和开发真正的定制产品。这会发生在供应链的不同阶段，提供不同水平的定制效果：顾客（大批量产品）、零售商（大量定制）、装配商（部分大规模定制）、供应商（大规模定制、及时定制）。装配商以及供应商会通过产品平台或实施模块化。

实践中，通过延迟策略，零售商的水平得以提高。对于延迟策略，一是时间延迟，基于延迟交付产品，也称为依靠订单的延迟策略，该策略认为操作设计与物流密切相关。二是生产延迟，基于移动分化下游供应链的生产延迟策略。

2.2.3.5 大规模定制理论与家具企业定制生产

家具制造企业的定制化生产要求产品外在形式多样化，内部生产成本最小化。家具定制化生产，既是家具企业技术领域的问题，也是营销领域的问题。需要家具企业明确以满足客户订单为中心、平衡家具生产多样化和低成本的矛盾、从模块化生产和敏捷制造以及流程重组等方面强化使能因素的应用，完成顾企互动下的家具产品定制生产升值，提升企业的经营绩效。因此，大规模定制理论对于家具定制生产具有指导意义。

2.2.4 互动导向理论

2.2.4.1 理论概述

互动导向理论是基于新的营销实践与理论的发展需要，由印度学者拉马尼（Ramani，2006）在"*The New Measure of Marketing Capabilities*"一文中首先提出的。

技术的进步导致企业和客户之间的相互作用的机会增多。交换和界面的有效管理越来越被认为是企业持久竞争优势的来源。公司为了成功地进行互动，将与之对应的能力及管理称为"互动导向"。

多年来，技术进步促进了客户和企业之间、客户和客户之间、企业和企业之间的交互性。越来越多的供应商选择直接与客户交互，同时投资于技术以改善供应商与零售商的交互关系。互动帮助企业改进知识，以更了解客户的需求和偏好。组织拥有的资源决定了企业的战略反应效果（Lee & Grewal, 2004），企业需要通过成功实施企业与顾客之间、顾客与顾客之间、企业与企业之间的交互，进而发展所需的组织资源和能力，双方之间的交互行为即是互动导向。

基于实际调研和现存的文献，互动导向作为组织能力来源于：①顾客概念；②投资开发一个基于动态系统和过程的交互反应能力数据库；③在顾客与组织交互和顾客间交互实践中进行顾客赋权；④对客户价值的管理，指导营销资源分配的决策。大多数战略导向定义局限于自己的行为或文化的视角，笔者建议从全面驱动相关理念以及实践来构建和获取互动导向的概念。这样，顾客概念就成为互动导向的基本驱动力。互动反应能力代表该组织关于顾客信念的投入。顾客授权和顾客价值管理是对于客户概念的表现形式的管理实践。

该理论主要从四方面论述了互动导向。

（1）顾客观念

顾客观念是将个体顾客作为市场营销活动的起点。顾客观念是指以单个顾客反应观察营销活动，是一种将个体顾客作为营销活动分析单位的信念，并不是从市场细分的角度分析和制订营销计划。客户的概念包括渠道成员、中间商和最终客户，零售商和直接机构客户都作为独立单元进行分析。虽然客户的定义不同，但客户概念却广泛适用于各种类型的市场。

（2）互动响应能力

互动响应能力是指通过沟通技术，参与者可以一对一、一对多和多对多地同步和异步参与信息交换，是一种创建一个同步参与信息交换的介质和环境获悉程度的能力。在营销背景下，交互活动不仅局限于消息，还包括货币交易和产品、服务和关系体验。交互反应能力表示企业能够持续为个体顾客提供产品、服务和相互体验的能力。并且，企业能对特定顾客和集体顾客以及其他顾客的行为反应进行动态整合。它需要企业对客户界面技术、供应商网络和数据库分析等设施进行投入。它反映了一个企业通过数据收集和信息交互，对于不同的客户以及每个客户在不同的时间点的不同表现等系统响应的能力。

（3）顾客授权

顾客授权是指企业在以下两方面授予顾客参与的程度：一是与企业交流和交易的方式；二是在产品、服务和政策调整方面的信息共享、表扬、批评和建议的程度。

电子商务的发展是由购买活动中诸多限制条件失效驱动的，例如，允许客户通过网络对产品和价格进行比较，顾客可以迅速挑选到其购买主要产品的替代品或者互补品，并且接受电子指令和支付。学者们一致认可在新的营销模式下，企业不能单纯从自我的角度思考和行事，双方可以寻找接触点交互行动。顾客授权反映出公司提供给客户权力的途径：①与该公司联系，积极促成交易的本质；②共享包括正面激励和负向批评、建议与产品改良理念和服务策略等信息。

（4）顾客价值管理

顾客价值主要包括两个方面：①企业提供给顾客的价值；②顾客提供给企业的价值。印度学者拉马尼和美国学者库马尔（Ramani & Kumar，2008）采用后者的解释，并将顾客价值作为衡量每个客户为公司贡献盈利能力的指标。为了获得现有客户经济效益的数据，公司需要根据现有顾客为公司带来的收入和利润的比例来调整在每个顾客身上投入的用于开发实践的资源。企业可以利用数据分析技术以及相应方法，对以顾客为基础的收入和利润进行预测和测量，例如客户价值管理方法，客户生命周期价值方法已经成为市场营销领域的重要课题。企业为了挖掘单个顾客的价值最大化，可以分析每个独立顾客的偏好和预期，采取不同的管理方式对顾客价值进行管理，这样可以更好地挖掘企业的整体价值。换言之，顾客价值管理代表公司在多大程度上能够定义和动态测量个人客户价值，并使用它作为其指导测算营销资源分配的决策依据。

2.2.4.2　基于互动导向的盈利绩效

企业战略导向的绩效评估通常是对总体业务水平和销售、利润以及市场份额的考核。然而，以客户为中心的组织比以产品为中心的组织有不同的方法、测量手段和评估标准。由于互动导向是基于个体顾客为单位的分析，那么这种以顾客为中心的逻辑是否真的在企业发展中有突出作用就需要被检验。基于以顾客为中心的绩效分为两方面：①基于顾客层面的关系绩效；②基于顾客层面的经营绩效。

基于顾客层面的关系绩效主要有：顾客满意、顾客归属和顾客正面口碑宣传。满意度指数是指企业与其顾客之间的关系强度。优越的交互反应能力和一致的客户授权行为会导致更大的客户满意。公司持续的顾客增长低迷会导致他们的业务来源匮乏。一个成功的商业策略应该赋权给个体客户，允许他们以自己的方式与公司交往。当企业针对顾客的体验和需求进行授权时，顾客会对企业有更多的责任和义务。换句话说，企业越有意识地加强顾企互动，顾客的主人翁意识就越强。

公司代表他们的客户的最佳利益并成为顾客信任的倡导者，作为回报，这些客户经常向其他人宣传关于该公司的产品和服务（Urban, 2004）。口碑营销是指从一个顾客到另一个顾客的关于产品、服务、企业实体、销售或客户经理等销售人员的信息传播（Brown et al. 2005）。通过顾客个人主动推荐的客户不仅相信公司能提供优越的顾客价值，还对他们与公司的关系感觉良好（Reicheld, 2006）。互动导向通过鼓励和促进老顾客推荐给公司的新客户和新客户与企业互动增加良好的口碑。

基于顾客层面的盈利绩效主要从三点考虑：①识别有利可图的顾客；②持续获得和保留有利可图的客户；③将无利可图的顾客转换为有利可图的顾客。互动导向促进企业分析来自不同接口的交易数据，并使用这些信息有针对性地对个体客户营销投资，将顾客带来的收益与投入相结合分析。基于顾客层次利润的测量可以分析出顾客消费规律和产生的价值，促使管理者高效地做出营销反应。那些致力于加强企业与顾客交互行为和根据顾客价值进行投资的企业，通过增强企业的反应能力和实现客户价值管理，就能区分不同客户的盈利能力。公司可以区分盈利与亏损的客户的特点，并使用此信息来识别潜在的有利可图的客户。

公司采用客户价值管理的同时也意识到要关注顾客的长期价值，而不是最大化获取或保留顾客而获取整体压倒式的利润（Kumar, 2004）。当销售和维持一个顾客的成本超过该顾客所带来的长期收益时，这个顾客就是无利可图的。通过比对模型，企业不仅可以识别出哪些是有利可图的顾客，而且可以确定相关因素，推进顾客收益率的提升。通过动态地获取个体顾客的收益率，企业就能对成本和收入的情况进行良好的监控。

2.2.4.3 互动导向理论与家具企业定制生产

家具的定制生产缘于技术的进步,促使企业的客户之间的相互接触和作用的机会逐渐增多,企业要不断了解变化的市场趋势和顾客的偏好改变。企业需要从个体顾客角度出发,通过和顾客的互动响应顾客需求并授权顾客与企业交换信息和奖惩激励,充分挖掘双方的价值,进而实现良好的顾客关系以促进企业达到盈利的目的。这些是互动导向的核心思想,因此,该理论与家具企业定制生产紧密联系。

2.2.5 资源基础观理论

资源基础观理论认为企业所拥有的不同资源区分了企业的经营绩效和竞争优势。该理论有两种假设:第一,企业在行业中拥有异质资源,这意味着每个企业都有独特资源的投资。第二,企业的资源流动不完全,因此企业很难获取独特的外部市场资源。原因或是交易成本过高,企业要借助现有的资源整合新的资源;或是资源本身对于企业能力来说超越企业范畴,企业难以驾驭。

美国学者沃纳菲尔特(Wernerfelt, 1994)认为企业若想在复杂的竞争环境中获取竞争优势,应做到:一是努力形成资源位置障碍,在该行业中率先拥有独特资源,直接形成成本和收益的障碍,其他企业很难抄袭和获取;二是企业整合的资源一定与企业的现有资源相匹配,从而产生规模经济、顾客忠诚以及良好的生产经验并在同行中处于领先地位。

美国学者巴尼(Barney, 1991)认为只有当资源、知识和能力同时符合价值性(value)、稀缺性(rareness)、不可模仿性(imperfect imitability)、难以替代性四个特征时,这些资质才能发展成为企业具有优势的独特竞争力。

有形资源很容易被模仿或替代,恰恰企业的无形资源可以区分组织自身行为的有效性和可持续发展的潜在方式。这种独特的战略资源可以从一个企业的声誉和专利等隐性知识渗透到组织中,形成竞争优势。

作为资源基础观的重要组成部分,知识基础观被认为是比企业劳动力和原材料等更重要的经济因素,是企业形成资源障碍的重要战略来源。企业内隐性的知识,无论是企业自身拥有的,还是从供应链上整合到的集体知识,都是区分同行间绩效差距的重要依据。并且,企业独具的、难以被竞争对手模仿的专有优势知识是企业核心竞争力的重要象征。

内存于家具制造企业价值链中的知识资源是稀缺资源,这些知识是不容易外化的隐性知识。这些资源使家具定制企业区别于其他企业,形成自己独特的资源位置障碍,迫使竞争对手难以模仿,使家具定制企业利用相关的知识位置障碍优势超越竞争对手,占领独特的市场份额,形成品牌优势。因此,研究资源基础观理论对于家具定制企业在纷繁复杂的市场中脱颖而出具有理论指导意义。

2.3 本章小结

本章对本研究所涉及的相关概念——家具定制企业、B2B组织间关系、市场环境进行了定义。结合家具制造企业发展需要阐述共创价值理论、组织间关系理论、大规模定制理论、互动导向理论以及资源基础观理论,为本研究构建了理论基础。

3 我国家具企业定制化生产及顾企互动现状分析

3.1 我国家具定制生产及产品概况

3.1.1 家具定制生产模式

家具定制是指将消费者个体视为一个细分市场，并根据消费者的设计要求或设计方案，组织家具企业生产制造活动的行为。目前，国内的家具企业定制生产模式分为三种，第一种，有剩余产能空间的大中型家具企业向定制家具方向拓展。第二种，新生的专门从事定制家具的中小型企业，也是较少的一部分企业。第三种，一些小型企业和作坊式企业，按照传统方式进行家具定制化生产。

家具行业是行业集中度最低的行业，各个企业都有自己的生产标准。家具大规模定制的指导思想核心是减少家具产品内部多样化、增加家具产品外部多样化。减少内部多样化是指产品的统一化、简化、最优化和协调化。从产品和过程两个方面对制造系统及产品进行优化。这样，在产品价格、产品规格匹配性和个性多样化三方面满足顾客的需求。对客户而言，要在满足其身份、体验、地位等定制要求的基础上更换风格、功能，当然，物美价廉、经济快速是顾客更关注的特性。非标准全定制、大规模定制和多样化生产的具体对比如表3-1所示。

表3-1 非标准全定制、大规模定制和多样化生产比较

比较的内容	非标准全定制	大规模定制	多样化生产
是否能满足定制需求	是	是	否
提供定制的范围	产品、服务、体验	产品、服务	—

续表

比较的内容	非标准全定制	大规模定制	多样化生产
顾客参与设计的程度	高	中等	低
核心过程的控制	以顾客为主	企业为主	完全是企业
顾客参与的环节	多	少	极少
是否需要额外制造能力	否	是	是
顾客面临的选择难度	低	中等	高
企业对顾客的引导程度	高	中等	低
运作与营销职能的结合	非常紧密	中等	低
生产动作的特点	顾客订单驱动	顾客订单驱动	预测驱动
实施按订单生产策略	需要	需要	不需要

3.1.2 定制家具种类

2022年,《推进家居产业高质量发展行动方案》提及,家居产业发展质量效益稳步提升,但也面临重点行业创新引领不足、质量精细化水平不高、智能化发展不充分等问题,家居消费需求仍待进一步激发和释放,提出了加快智能制造和数字化转型的行动方案。依据平台进行家具行业的数字化改造由来已久,与方案匹配的销售实质是B2B2C的营销渠道模式,供应商面对的是分销商,然后再到终端。终极目标是C2B,消费者对于生产销售占有主导地位。家具的定制生产,一是平衡质量和效率的矛盾,二是全面满足顾客的需求。加拿大学者约瑟夫·兰佩尔普伦和亨利·明兹伯格（Joseph Lampel & Henry Mintzbery）根据个性化需求发生在设计制造、装配和销售的不同环节,按照环节的紧密连续程度,提出5种分类,该分类对于家具定制产品也具有普适性：①完全标准化——无定制需求。②细分标准化——定制需求发生在销售阶段,对设计、加工和装配过程没有影响。③定制标准化——从大规模标准部件中定制产品,每个顾客可以得到自己需要的产品外形,而受限于可获得的部件。这时部件的制造是大规模生产,而定制发生在装配和销售环节,与设计无直接关系。④剪裁定制——企业提供一种产品原型给潜在购买者，顾客可以自己适应或剪裁它，以满足其个性化需求。定制发生在加工、装配和销售阶段。⑤完全定制化——需求深深渗透到产品设计中，完全按顾客的需要定制。

3.1.3 定制家具的产品优势

定制家具行业之所以能保持高速增长，主要是由其消费品本质特性决定的。首先，定制家具量身定做，个性化定制解决了消费者此前面对的市场上千篇一律、风格统一的家具难题；其次，与成品衣柜和手工打制衣柜相比，定制家具充分利用空间，具备多功能特性，从多维度满足消费者需求，产生让顾客无法拒绝的诱惑；最后，定制家具注入现代时尚元素，更注重创新设计，给消费者带来耳目一新的感觉。

3.1.3.1 风格多样且个性化设计

目前，整个家居行业消费者年龄逐渐趋向年轻化，这部分消费群体追求的家具品牌是个性化的，并且不同的消费者有自己不同的消费品位。

根据搜房网数据显示，22%的消费者选购定制家具的主要原因在于可以自己参与设计，因定制家具的实用性而购买的占20%左右。看中定制家具节省空间优势的占17%，还有17%的消费者认为购买定制家具是一种时尚的选择。

3.1.3.2 功能全面且性能卓越

通常而言，年轻群体在进行住房布置时，大多数会选择装修，需要根据居室格局，充分利用空间，而定制家具可以做到现场测量，现场排尺，真正实现空间利用最大化，将人性化发挥到极致。以家具中最常见的品类衣柜为例，按照加工、制造流程和家庭可选择的衣柜类型，衣柜大致可以分为成品衣柜、手工打制衣柜和定制衣柜。成品衣柜是中国衣柜早期工业化生产时期的产物；手工打制衣柜是在20世纪90年代新居装修过程中，装修公司手工现场打制的家具；定制衣柜是21世纪居民对空间布局、功能性和风格偏好等多方需求的综合产物。

表3-2举例对比分析了这三类衣柜的优缺点，定制衣柜从选材、设计再到后期维护都显著优于成品衣柜和手工衣柜。定制家具从消费品的属性出发，从空间利用、选材、环保和售后等多角度满足消费者的需求，据此判断定制衣柜、橱柜等必将成为新一代消费者的首选。

表3-2 定制衣柜、成品衣柜和手工打制衣柜对比

项目	成品衣柜	手工打制衣柜	定制衣柜
是否标准化生产	标准化、工厂化生产	非标准化、实现一对一需求	一方面，可以实现对客户一对一需求；另一方面，制作环节可以实现标准件+非标准件的混合生产模式
空间利用程度	柜体高度通常为2.1~2.2米，距离房顶有40~60厘米，存在空间浪费	可以实现在不同的房间安装方便实用的衣柜，大多为墙壁内嵌，节省空间	根据房屋现场测量，实现空间利用最大化
个性化程度	个性化程度低，消费者无法参与到设计制作环节	部分实现个性化，用户参与度低	充分实现需求个性化，用户可以参与到产品设计环节
计价方式	以件计算，通常每件价格在3000~5000元	通常价格按照手工打制的时间，即工时计算价格	价格按照柜体的实用面积计算
售后服务	购买后很难得到售后保障	木工装修公司撤离后，售后难以得到保障	有专业的人员免费上门安装，正规厂家会提供一套完善的售后服务措施

3.1.3.3 引领时尚且有品牌效应

定制家具不仅可以实现量身定制，还能将现代化时尚元素融入客户的需求中，结合消费群体的年龄特性，对时尚元素的追求，增强其品牌归属感。

2023年，索菲亚品牌确定了全面扩大各级市场、融合九大品类的"整家定制"市占率的发展主题。顶固开启了重新定义"整家环保"的品牌理念。志邦探讨了"定制+装企"的融合之道，形成了整装合作规模化的品牌战略。好莱客推行线上线下的营销互动模式，凸显年轻、原态健康生活的品牌调性。尚品宅配利用AI技术，展现了随心选全屋定制新模式及生活方式主题空间，提升了品牌知名度。玛格定制则走轻高定路线，满足越来越多人对更高品质、更

精致生活方式的追求，提升了品牌调性。定制家具凭借其相对优良的品质、时尚的造型、个性化人本化的设计、贴心的服务和对于顾客视觉、触觉、身份、体验的满足而深受市场好评，品牌效应初现。

3.2 家具定制市场现状

3.2.1 定制家具市场潜力巨大

目前，我国家具产能占全球家具产能的35%，已成为世界上最大的家具生产制造及出口国。作为林产工业的重要组成部分，家具制造业已成为我国国民经济中继食品、服装、家电后的重要产业。2023年，我国规模以上家具制造业企业营业收入6555.7亿元，实现利润总额364.6亿元。

作为中国家具制造行业的重要组成部分，中国定制家具的规模不容小觑。据博思数据发布的《2015—2022年中国定制家具市场分析与投资前景研究报告》显示：定制家具市场规模达千亿元，目前，国内领先的定制家具企业销售规模10亿～40亿元，通过品类延伸及渠道扩张，参照韩国、美国定制家具行业经验，预计龙头企业市占率未来可达15%～20%，成长空间巨大，如图3-1所示。

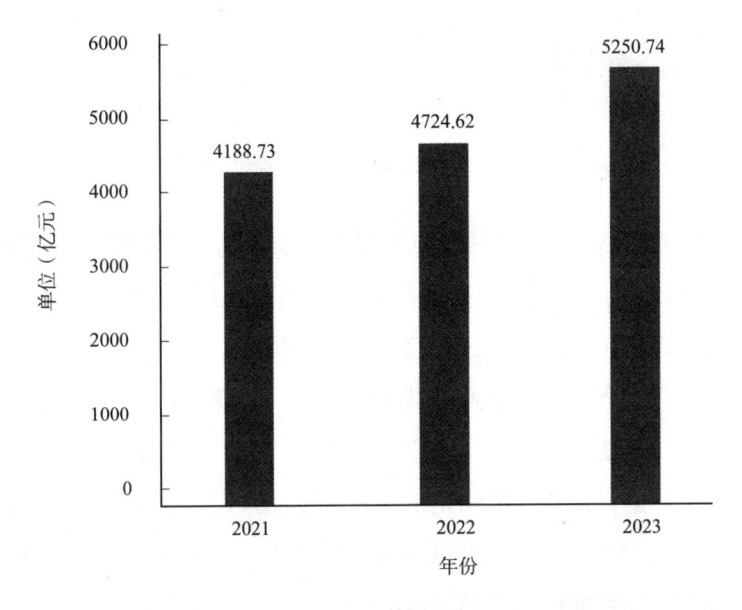

图3-1　2021—2023年中国定制家具行业市场规模

大规模个性化定制已经成为家具行业发展、企业转型的一个主要方向，客户个性化体验需求为定制产品设计提出了变形、变色、变功能等多方面具有可调节性的要求。庞大的市场空间和超低的集中度为家具企业定制提供了巨大的市场和增速可能，带有定制体验特质的产品也为企业带来了价值增值转型，如图3-2所示。

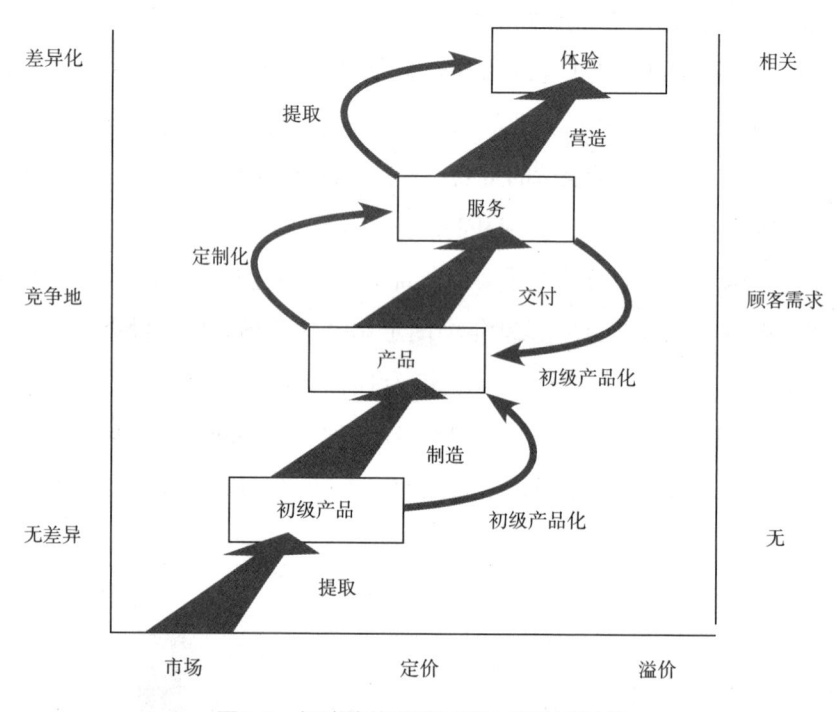

图3-2　经济价值递进系统中的转型规律

目前，家具市场上的产品主要包括成品家具、手工打制家具和定制家具三种，如图3-3所示。其中，成品家具由家具厂商通过批量化、标准化生产而成，消费者可以直接到商场挑选心仪的款式、颜色，并即刻支付购买。成品家具的规模化生产有利于家具企业降低生产成本、实现盈利最大化，但同时存在产品风格单一、无法充分利用室内空间等弊端。手工打制家具则解决了成品家具设计呆板的缺陷，能够充分满足消费者对设计款式、空间使用等方面的个性化需求，但是纯粹的手工打造难以实现规模化、标准化的生产。目前，我国定制家具仍处于从培育期向成长期过渡的阶段，如图3-4所示。

定制家具是指将每位消费者都视为一个单独的市场，根据消费者的需求设计个人专属家具并进行批量生产。定制家具包括定制衣柜、橱柜等各类柜体。相比传统的成品家具，定制家具本质上是对室内设计的扩充与升华。与此同时，定制家具业实现了部分配件的标准化生产，降低了纯手工打造的制作成本，生产的规模化保证了家具企业的盈利能力。

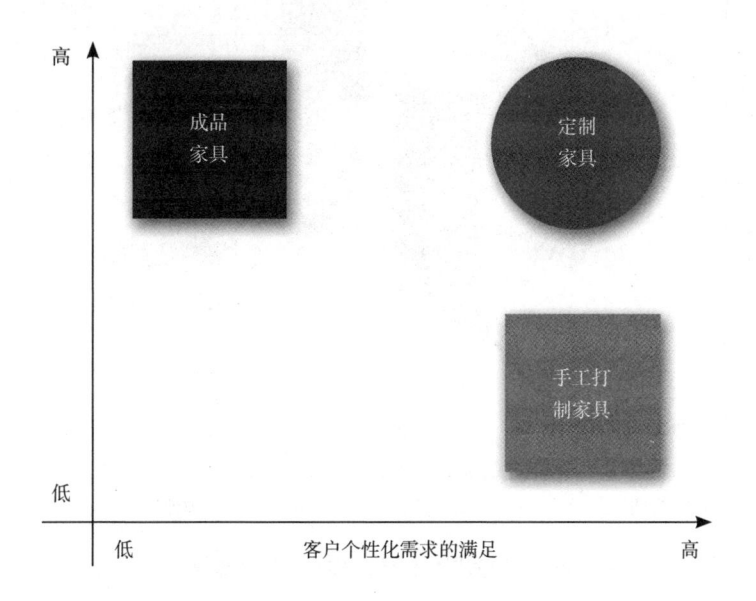

图3-3　定制家具将成品家具与手工打制家具的优点进行了完美结合

区域经济发展的不平衡性也使定制衣柜在各地区的发展情况表现出不均衡性。总的来说，一、二线城市相对于三、四线城市发展更快，已步入成长期，而三、四线城市仍处于市场培育期的中后期。同时，政府对房地产市场的宏观调控对整个家具行业带来一定负面影响，定制家具业也不例外。由于政府在一、二线城市的调控力度较大，三、四线城市房地产市场所受冲击较小，家具企业所受影响也相应较小，因此，三、四线城市也就成了定制衣柜厂商的必争之地。

从市场份额和品牌影响力的维度来看，国内定制家具企业形成了三大集团，未来拥有较大品牌影响力的企业将占据更大的市场份额。根据索菲亚提供的数据，目前，国内定制家具的第一梯队成员包括索菲亚、好莱客和欧派；第二梯队包括尚品宅配、顶固、史丹利和联邦高登；第三梯队包括伊仕利等。

但目前定制家具行业的集中度依然较低，国内从事定制家具生产的厂商有200余家，前两大梯队品牌的市场份额之和不足20%。由此可见，如此巨大的市场空间加上如此分散的市场份额，随着龙头企业扩张产能布局、完善营销网络，定制家具的竞争将越加激烈。

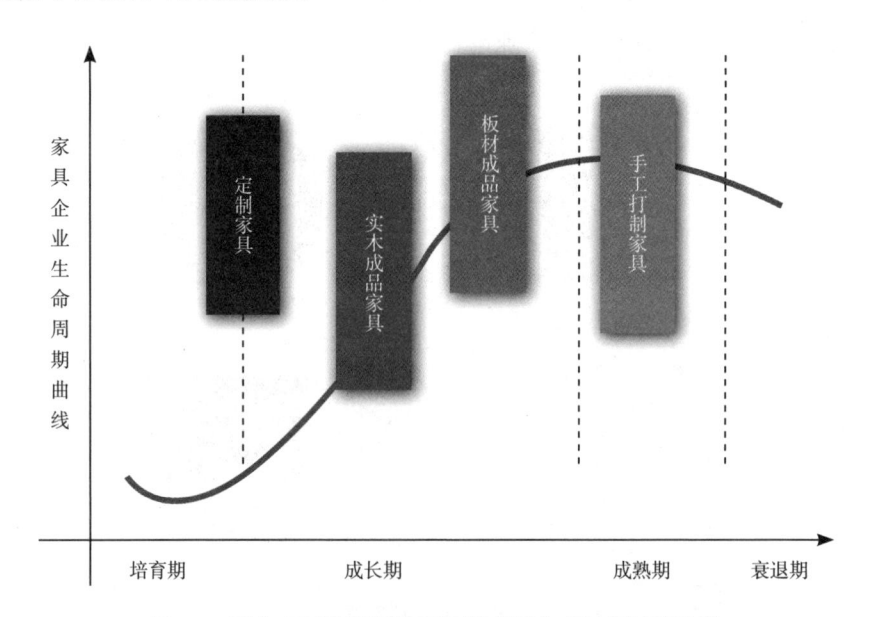

图3-4 国内定制家具仍处于从培育期向成长期过渡阶段

3.2.2 需求旺盛促进定制家具市场拓展

（1）"80后""90后"的适龄婚育人群促进了定制家具的刚需

"80后"和"90后"迎来了婚育高峰。该人群要么处于事业初始阶段，要么面临第二次生育，要么以小户型为主，要么需要提高空间使用效率，对于空间的使用效率和个人风格有明确要求，是定制家具市场重要的目标客群。

（2）改善性需求体量大，高端定制前景广阔

事业有成并且有改善性住房需求的人士，对于家具高端定制市场有巨大影响力。根据改善性需求产生的原因可以将其分为主动型改善和被动型改善。

主动型改善是因为人们目前居住环境较差，但随着收入水平的提升，经济实力有所改善，催生了对生活品质的追求，表现出对现有住房不满意，希望主动改善现有住房条件。

被动型改善主要是基于家庭结构的变化。随着家庭人口的增加，需要根据家庭结构的变化对住房条件进行改善，例如更换更大空间、配套设施更好的住房等。

综上所述，无论是主动型改善需求还是被动型改善需求，都反映出改善型刚需对房地产市场的强力支撑作用。结合改善型需求家庭的特征，对生活品质的追求、对时尚设计的追捧，这些都决定了定制家具产品对改善型住房需求的消费群体具有天然的吸引力，定制家具市场必将受益于住房刚需的持续释放。

3.3 我国家具制造企业定制能力现状

家具制造定制能力集中体现在企业在大规模生产的基础上，尽量满足单个消费者的需求，综合细分市场和个人需求的共性，按照顾客的需求尽量生产满足顾客需求的家具。兼顾生产成本和效率，这是企业定制能力的集中表现。

3.3.1 模块化生产能力

模块化是家具定制生产的新潮流趋势，模块化可以让消费者充分挖掘空间效率，通过组合等方式适应甚至改变空间结构。通常来说，家具企业通过调整基本模块和功能模块来提升企业的定制生产能力。

以欧派为例，作为国内的橱柜定制生产领导者，欧派橱柜是将几天的客户订单放在一起，按"同类项合并"原则进行"拆单"，使相同规格的板件能集合在一起，以实现批量生产。欧派善于使用模块化设计和生产来满足消费者的需要。家具模块化设计是大规模定制家具生产模式得以实现的核心技术，包含功能性模块和装饰性模块。

但是我国大多数家具企业还没有真正应用模块化设计，如抽屉、门板和床架等最容易采用模块化部件的位置采用了通用部件，而且仍然有一部分小规模的家具企业完全没有应用模块化设计，甚至还停留在手工作坊生产方式上。这是由于过去的家具多数为作坊式生产，认为家具本身无须很复杂的制造过程，企业有一些基础设备就能够生产，而客户的需求又具有多样性等原因造成的。

3.3.2 流程重组能力

家具企业的流程重组主要指信息化流程改造。以维意家具为例，通过虚拟制造，零库存，全流程数字化，采取了信息化生产流程，多品种、大批量混合排产技术。通过个性化营销、网络零售平台、柔性化生产以及社会化供应链等要素的新经济特征，是对工业经济时代"大生产+大零售+大品牌+大物流"体系模式的一场革命。通过该模式，国内知名定制品牌"维意"的材料利用率由85%提升至93%，出错率由30%降至3%，交货期从30天缩短为10天，资金周转率相比传统同行的2～3次提升到10次左右。另外，维意品牌解决了个性化定制的两大难题：订单的规模化和个性化大规模生产。其具体途径是：一是全屋家具；二是个性化设计和加工；三是云设计；四是生产快；五是零库存。加大服务业务流程，为上下游组织提供必要的生产和服务，协同创造价值。因此，产品改变同质化，服务才具有差异化。企业要善于发现顾客独特未满足的需求，拓展价值增长空间。

3.3.3 敏捷制造能力

绝大部分家具企业采用的生产模式是小批量多品种，或以产品为对象的运作流程，与多样化定制需求没有冲突，但由于材料和工艺上的变化，定制的品种大大增加，岗位的技术要求与生产衔接的复杂性更高，品质、成本管理的难度也更高，需要运用敏捷制造提高定制生产效率。

家具加工中的敏捷制造主要是利用信息在各环节和部门间的集成和连续地流动，各项工作并行开展，而不是依次进行。在家具定制生产中，还需要贯彻全员营销的理念，营销、设计、物流、信息技术等部门要通力合作。当定制加工能力不足或对市场变化的响应不足时，企业应考虑提高柔性化生产比例，包括是否添置加工中心等。以大规模定制橱柜为例，从接单到生产，从发货到安装交付，要处理的业务信息量相当大。以欧派为例，据统计，一份订单的数据处理最高达18万次。如果企业不采用各部门与制造环节的集成生产，很难完成如此浩大的生产工作。另外，敏捷制造还要求企业对最多顾客的共性信息进行提炼总结，形成生产规律，促进产品加工效率。

3.4 家具制造企业顾企互动现状

3.4.1 部分定制家具企业经销商概况

我国家具定制企业销售渠道以经销商为主、直营店为辅,"个性化设计+规模化生产"。2016 年至 2023 年第一季度,各大定制品牌家具企业门店呈现增长趋势,渠道拓展较快,如图 3-5 所示。以欧派为例,2022 年欧派家居实现营收 224.80 亿元,同比增长 9.97%。橱柜业务中,零售渠道新开新装门店 440 余家,零售体系合作企业 4000 余家,集成厨房商业模式新开店 170 余家,开设商超大家居的城市 100 余个。2022 年橱柜门店数量达到 2479 家(同比 2021 年增加 20 家),实现营收 71.73 亿元,毛利率为 34%。2022 年经销商渠道实现营收 175.82 亿元,同比增长 12.13%,收入占比 78.2%。

索菲亚的销售渠道以经销商为主、直营店为辅,此外,还有大宗用户及天猫旗舰店的销售渠道。其中,经销商模式占比最大,2021 年达到 82%,直营占比 3%,大宗用户占比 15%。从横向上看,截至 2021 年年底,索菲亚的门店遍布全国各地,共 1734 家,其中,司米经销商 929 家,专卖店 1122 家;华鹤经销商 310 家,专卖店 265 家;米兰纳经销商 360 家,专卖店 212 家。居于行业领先水平。门店的迅速扩张带来了公司销售规模的迅速增加,市场份额名列定制衣柜行业之首,如表 3-3、图 3-5 所示。

表3-3 家居企业门店数量　　　　　　单位:家

企业名称	2016	2017	2018	2019	2020	2021	2022	2023Q1
欧派橱柜	2088	2150	2276	2334	2407	2459	2479	2475
欧派衣柜	1394	1872	2113	2144	2124	2201	2210	2214
欧派木门	578	634	825	985	1065	1021	1056	1042
索菲亚品牌	1900	2200	2600	2500	2719	2730	2829	2773
司米品牌	600	720	822	845	1108	1122	614	—
华鹤品牌	—	160	160	163	243	265	319	—
志邦橱柜	1112	1335	1487	1535	1576	1691	1722	1731

续表

企业名称	2016	2017	2018	2019	2020	2021	2022	2023Q1
志邦衣柜	153	395	726	1078	1366	1619	1726	1741
金牌橱柜	—	1130	1413	1510	1554	1720	1792	1812
金牌衣柜	—	120	337	520	722	919	1091	1101
我乐家居橱柜	—	700	787	675	703	781	837	858
我乐家居全屋	—	362	496	532	599	776	820	841

数据来源：公司招股书、广发证券发展研究中心。

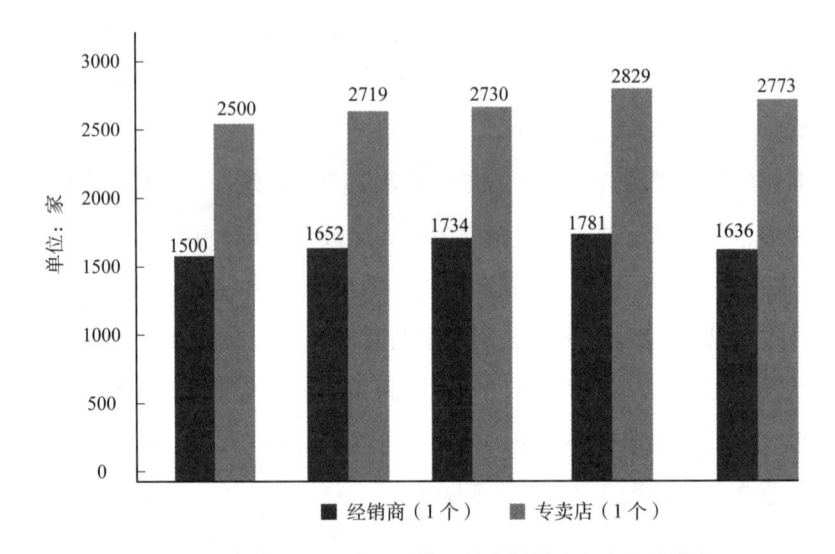

图3-5 索菲亚2019—2023第一季度经销商和专卖店数量

3.4.2 家具企业价值共创流程分析

家具制造企业的共创价值分析主要按照价值链生成的过程分析，从供应商（厂商）、供应商（厂商）与顾客互动和顾客角度，按照物流和信息流以及资金流转移的不同阶段进行分析，如表3-4所示。

家具制造企业价值共创流程表反映了家具产品售前和售后的整个过程。主要是基于供应商和终端顾客的互动，从消费者有购买意向直至成交的全程解析。该过程是理想状态下的顾企互动模式，企业在未来的发展中，究竟主推哪些单品，各个地区的销售记录有何差异，如何基于中间商的利益，促进其获得更多的潜在顾客，是企业要长期考虑的问题。

表3-4 家具制造企业价值共创流程

阶段	角色/过程		关系阶段		
	光顾店面之前	店面中	准备阶段	物流装置阶段	追随阶段
供应商/供应商价值创造阶段	获取关于市场趋势的信息；市场细分战略；选择分类；供应商关系处理；提升网站设计；团队培训	优秀的便利设施；设计配套装置；服务：产品，个性化，店面装饰，付款条件；额外服务：茶点间，顾客资料库	与供应商达成交易的细节；使用软件进行订单请求和确认；跟踪订单	监督贮藏运输和组装；满足交货时间；配送正确无误的家具；更改配置；处理包装材料，安装售后清理工作；解决安装中的问题	售后管理；收集顾客的信息；顾客数据库；提供服务：在产品使用阶段，维修，提供问题解决方案，销售配件；购买后的保证
阶段	对应	对应	对应	对应	对应
供应商—顾客/互动阶段	沟通能力；顾客需求的信息；客户和供应商交换所需求的信息	顾客参与的方式：延迟策略；顾客提供的信息：计划；零售商提供的信息；顾客提供的建议	传递给顾客的信息：延迟、出库信息；协商交付时间，支付形式；协商安装时间；客户联系零售商更新信息或更改订单	装配人员的专业素质；卖家与客户校对是否妥当；顾客与零售商互动答疑，顾客自助安装；付款；持续获取信息	获得顾客满意；与顾客持续交往获取：需求信息，新款信息；顾客与供应商交往对于产品的疑问和提出相关要求
阶段	对应	对应	对应	对应	对应
顾客/顾客价值创造阶段	购买动机：社会地位，生活方式，自我认知；信息搜索：网站；测量空间、虚拟现实、出图	提供可行的选择、渠道；提供必要的信息；制定良好的决策；明确的偏好	迅速查验订单详情；收据查验和对照	所有工作准备就绪	维护和清洁的建议；装修和家具协调一致；家具展示、使用；使用感受：体验、情感

3.4.3 家具制造企业客户管理现状

本研究探讨的是家具企业定制中的制造商和客户的互动,两者的互动更多在家具制造企业(供应商)的客户管理中体现。家具企业的客户管理是指以客户为重点,通过对家具企业业务流程的重组和优化,对于客户进行系统的管理和分析,提高企业的运营效率和利润,并指导家具产品族的开发,提高客户满意度和忠诚度,从而改进定制产品和服务质量。从互动角度来说,主要是客户分析,是对客户的自然及经营状况进行的评价工作。通过客户分析,企业全面掌握客户状况,以便有的放矢地进行必要的工作或战略调整。它可以帮助家具企业最大限度地利用以客户为中心的资源,如客户人力资源和市场知识等资源,并将这些资源集中应用于客户和潜在客户,突出表现在供应链管理上,更注重客户端的资源管理。客户分析一般包括以下六个方面。

①客户自然状况分析;

②客户销售状况分析;

③客户经营管理分析;

④客户增减原因分析;

⑤客户意见汇总与分析;

⑥主要客户营业分析。

以好莱客为例。好莱客一共有经销商672家,经销商店面842家,公司对经销商采取"统一布局,统一授权审核,评级管理"的模式。当时,公司拥有15家直营店,主要集中于上海和广州两地。

当时公司的销售收入重点区域为华东、华中等经济相对发达地区,2022年1—9月这两大地区的销售收入之和占公司销售总收入的65.78%,经销商门店数量占总门店数量的64.87%。未来3年主要拓展区域为东北、西北和西南以及中部、东部、华南地区广大的县级市场。

从企业实际分析,家具定制企业通常设有督导部和拓展部负责营销实务,这两个部门对于企业直接和市场对接意义显著。督导部既不是营利部门,也不是服务部门,而是最典型的数据管理、评估检查部门。其负责重要数据、重大项目的计划和执行检查,还负责对其他部门和员工进行执行力考评。他们善于从市场角度思考产品问题、管理问题,是其他部门无可取代的。他们对于产品的了解是通过作为制造方代表与销售方促销员和店长等沟通交流得到的。在双方默契信任的前提下，市场督导人员才能及时地将渠道信息和竞争对手的市场策略反馈给公司，以便公司适时调整相应的策略。

家具企业另一个重要的市场部门就是市场拓展部。其主要负责产品分销渠道的开发、建立与维护；行业客户的开发、拓展与维护；已有卖场的外围关系处理，新建卖场的前期事务；新产品引进的市场开发；销售团队的各种培训，等等。通过部门团队的有效拓展与积极探索，为公司提供高效的销售平台，实现整体经营的边际效益最大化。

新客户、老客户开新店也要按照标准进行管理，由业务经理每月完成一份统计表格，每月递交一次，所有档案分区、分品牌、分客户类别存档，由市场文员管理，并录入电脑归类保存，方便随时调取；每月28日前，开会评比一次，由营销总监主持；评比结果是将所有业务经理的意向客户资料按照数量和质量，分成A、B、C三个等级，每个等级最多3人，最少1人；评比可采用不记名投票的办法，由所有人员投票分出高低；每名业务经理现场拿出固定额度，形成奖金池；获得A级别的人，平分奖金，如表3-5所示。

与表3-4同时参加评比的还包括业务经理的出差报告表、销售计划表、新店开业跟进表、客户通话记录表、工作笔记、网络报刊宣传文章等表格和文件。

表3-5　××市场××家具品牌某意向客户月度跟进报告表

市场基本资料：
1. 是否战略市场：为什么是战略市场
2. 是否战略商场：为什么是战略商场
3. 是否战略客户：为什么是战略客户
4. 当地家具市场现状：罗列出当地市场家具商场名单、负责人信息
5. 当地大客户名单：罗列出当地市场的大客户名单、负责人信息
6. 竞品销量排名：我们的竞争对手销售情况、负责人信息
7. 市场容量分析：如估计该市场各类家具年销量
8. 市场销量预测：如估计出我们开店后，能增加多大销量
9. 区域市场意向客户梯队建设：罗列出意向客户名单

续表

客户基本资料：
1. 意向客户名称
2. 意向开店城市
3. 意向开店商场
4. 意向经营品牌
5. 意向开店面积
6. 意向开店时间
7. 客户信息：在当地市场的地位、联系方式、主要负责人生日、公司成立庆典日、所有品牌专卖店的店庆日、所经营品牌、有多少员工、员工的组织架构、有哪些爱好、最近跟哪些品牌在谈合作
8. 合作信息：是怎么认识这个意向客户的、客户是通过什么渠道了解我们的、有哪些关键人物可以为我们提供帮助、有哪些老客户与这个新客户关系要好、有哪些重要事情我们要去做、什么时间到厂来、什么时间去拜访他、什么时间带他去哪个市场看样板店、客户有无主动打电话给我们以及他关心的内容、我们有无主动打电话给客户以及交谈内容、这是与客户的第几次见面、这是与客户的第几次通话
9. 要点分析：我们的成交障碍点在哪里以及该如何解决、有哪些竞争对手对我们的合作构成威胁以及如何战胜对手、我们的哪几项优势最能打动客户
客户意向层级：
1. 无效客户：听说过这个人或者有名片、不认识
2. 有效客户：有交流或认识
3. 一般意向：有合作可能但障碍太多，需要逐个排除
4. 被动意向：需要我们主动出击，做环绕服务，不断让自己出现在对方眼前
5. 主动意向：客户已经主动示意，我们要迅速为客户搭建一个谈判平台
6. 深入意向：进入核心谈判，找关键点（从面的谈判到点的谈判——排除其他，制造唯一）
7. 高危意向：突破关键点，迅速上店（斩首行动如闪电战——排除唯一）
8. 定金客户：已经打了定金的，不断跟进
9. 新店客户：已经开业的，持续服务
10. 老店客户：已经正常经营一年以上的
11. 多店客户：已经开连锁店的
12. 铂金客户：主动为我们开发新客户、新市场的、不一定开设了我们的专卖店

3.5 家具制造企业顾企互动问题分析

3.5.1 供应商缺乏顾客观念

家具制造企业多站在自己角度分析问题，脱离顾客需求。无论是家具开发还是家具销售，基本上都从"我"出发，设计上脱离顾客需求，经营中不和经销商沟通，工厂和展厅布展局促，订单和销量迟迟上不去，企业资源浪费现象严重。没有从组织顾客出发，对于产品销售的定期培训和内部沟通机制不完善。笔者走访中经销商和代理商普遍反映，供应的产品南北差异不大，除了大牌的家具产品在干燥工序上能考虑南北气候条件的差异外，大部分品牌没有结合不同地区代理提供不同品质和加工程序差异的产品。店面的"店长推荐"等爆款，或许有时成为供应商清库存的一种手段。再者，因为南北气候等自然差异比较大，终端顾客需求不同，导致中间商的代理需求也有很大差异。代理商都是在品牌年会上挑选自己的产品，这就是所谓的"顾客观念"。其实质是组织顾客被动地选择，不是真正作为独立顾客被供应商感知，因此，企业有针对性地开展经营活动，或是按照顾客的价值进行差异化营销。

3.5.2 挖掘消费者的需求偏好滞后

我国家具企业盲目生产严重，定制类企业也不例外。不注意通过供应商收集的顾客资料来调整产品，对于市场顾客的需求偏好洞悉略显滞后。特别是在顾客并不想一再去陈述某些需求的情况下，对于顾客的需求通过技术是可预知、可推论出来的。家具企业定制中要重视收集客户和用户的资料，将资料储存在资料库中，通过资料分类的技术，挖掘出每位用户消费行为的偏好，运用这些信息，就可以提供用户所偏好的新消费信息。而顾客信息的收集依靠供应商（制造商）是很难完成的，经销商（组织顾客）在日常销售过程中和顾客交往最多，对于消费者的信息会第一时间掌握，因此，对于供应商而言，从经销商（组织顾客）处了解消费前端的知识更直接和可靠。

3.5.3 缺乏良好的交互工具

根据我国家具制造企业顾企互动的概况分析，说明企业产品和市场对接的问题都离不开前方经销商的意见反馈，这些绝不是单纯地通过微信和手机等工具只言片语就能解决的。

其一，笔者在走访过程中，有的代理商和销售人员几乎不知道企业的销售代表是谁；企业几乎没有定期访谈的制度，却解释道：现在通信发达，有什么问题手机、微信等联系都方便。企业相对而言也是被动的，如果有大的市场变化或者潮流趋势变动，中间商有不满或者对于企业的不端行为，供应商还是后知后觉的，更谈不上从市场知识角度对于家具制造商的建议或者所谓的学习层面的反馈。这也给我国家具制造企业对于经销商的监控和关系协调的交互工具开发以启示。

其二，尽管家具制造企业实践中所用的多数定制方法都是建立在提供丰富的品种和大量选择基础上的，但对客户选择的理解以及客户配置的体验仍知之甚少。客户行为对产品的定制有很大影响，例如价值感知会增加支付意愿。这些体验需要交互工具进行记录反馈，而不是单纯地靠销售人员的记录来完成。如何识别有价值的顾客，持续挖掘顾客的价值使企业受益，需要有科学的记录和完备的资料。而不完备的信息收集和数据挖掘恰恰是交互工具缺失导致的，这会对我国家具定制的营销流程产生很大影响。

3.5.4　供应商对渠道关系认知不清

家具行业的营销渠道一般由原材料供应商、家具制造商、中间商（供应商、代理商或零售商）、顾客等渠道成员组成。经销商承担着从供应商到消费者之间的产品和资金的转移功能，各类供应商由于形象、声誉、市场影响力不同拥有不同的利益目标。企业应洞悉市场的细微变化，了解市场，通过对市场信息的深刻理解和快速反应，合理市场定位，结合企业的生产条件，辅以提升产品特点的技术，尽快形成自己的产品风格。在客户服务阶段，区别客户间差别，进行市场客户细分。最后，在企业范围内为客户创建数据库的管理和针对性营销，扩大与其他品牌区别直至拉开距离。这是一个以满足客户需求和挖掘客户利润的营销理念。对于消费者的需求变化进行快速反应，是企业和经销商沟通的结果，也考验双方的默契程度。

家具制造企业对于渠道成员的角色转变认识不清。原来的营销体系，包括经销商，是原材料供应商和经销商权责明确的竞争。而现在，供应链上的任何一个成员，都变成了竞争者，你中有我，我中有你，原来单打独斗的竞争形式已经不复存在，如图3-6、图3-7所示。我国家具制造企业和中间商沟通不多，双方都存在唯我独尊现象，相互信任度不高，甚至存在相互背信弃义现象。对于企业品牌的传播，市场拓展产生消极影响。

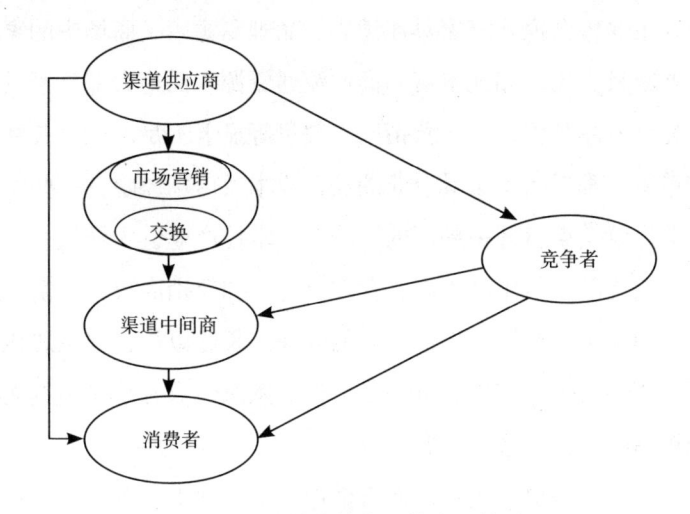

图3-6　传统营销体系的成员关系

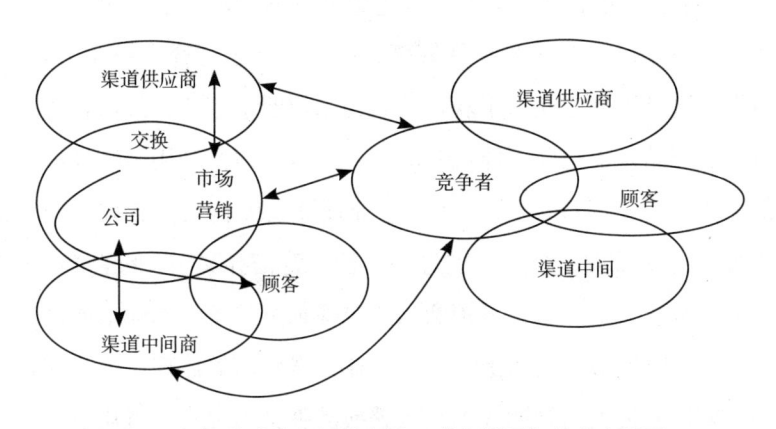

图3-7　渠道成员和相关者基于"营销间"的亲密关系

3.5.5　营销渠道管理问题较多

渠道对于家具制造企业分销意义重大，是帮助企业产品实现由企业到市场的惊险一跳的重要环节。虽然传统营销"4P"理论的"得渠道者得天下"是企业的共识，但是我国家具制造企业的营销渠道问题仍然比较突出：

第一，渠道管理不善，与下游成员关系松弛。有的厂家质疑经销商不专注，厂家给经销商的一些政策付诸东流；而有的经销商则抱怨厂家支持力度不够，服务不好，赚不到钱。纵观家具市场，经销商对营销渠道的控制一直比较粗放，导致经销商销售行为不规范、缺失商业诚信。

第二，渠道结构单一，难以形成家具销售的网络化。我国家具商业流通领域发展较快，主要经营模式有家具连锁店、品牌专卖店、商场中的家具销售区以及大型专业家具卖场，如此丰富的商业流通资源，而绝大部分家具生产企业营销网络不完全，品牌覆盖面、营销网点数量等显著不足。渠道关系管理不善及渠道结构单一，都提高了家具企业的经营成本及市场风险，一些家具生产企业已经开始关注营销渠道开拓局面的问题，以掌控产业链主导权。

第三，厂商之间的信用度不高，存在供应商和经销商权力失衡，双方违背条约，拖欠款项，不公对待、失信于人的问题。长此以往，关系恶化，对于双方而言信用失衡，失去了信任和进一步合作的意愿，双方承诺荡然无存，导致制造商和经销商的合作关系不稳定。

很多制造商的发展史对经销商而言就像一部淘汰史。企业都在宣扬"客户至上"，一些制造商为了搞活市场，营造竞争氛围，在一个区域里先后发展几家经销商参与竞争。这本来是一件好事，有利于产生"赛马效应"，引发良性竞争，结果渠道经销商之间为了获得独家经销权明争暗斗，最后扰乱市场，失信于消费者。产品入市初期可能比较弱小，此时，他们利用经销商的区域市场网络"借船出海"。一旦市场做好了，企业逐渐发展壮大，品牌影响力也不断增大，市场占有率较大，企业又"过河拆桥，背信弃义"，令许多经销商扼腕叹息，又倍感辛酸无奈。于是经销商只能选择独善其身，不停地要政策，先将费用拿到手，以防风险。实质上，这是企业承诺失信的体现，因为家具展厅布展等经销商要投入很大的先期成本，频繁换品牌又不现实。对比供应商高额返利等诱惑，经销商更关心的是与企业长期稳定的合作关系。

3.6 本章小结

本章首先从家具定制企业的基本问题入手，进行了界定和分类，对比分析了不同家具生产模式的区别；其次，介绍了家具定制市场现状；再次，介绍了我国家具定制能力概况，主要从模块化设计、流程重组和敏捷制造三个方面进行了概述；继而，分析了家具制造企业顾企互动现状；最后，对我国家具制造企业的顾企互动问题进行了分析，以期为后续的实证研究提供基础。

4 互动导向下家具制造企业定制能力与绩效关系模型及调查分析

4.1 研究相关变量定义

4.1.1 互动导向

互动导向是指企业需要通过成功实施企业与顾客之间、顾客与顾客之间、企业与企业之间的交互，进而发展所需的组织资源和能力，双方之间的交互行为称为"互动导向"。主要内容如下：

①顾客观念是一种将个体顾客作为企业营销活动分析单位的信念。客户的概念包括渠道成员、中间商和最终客户、零售商和直接机构客户都作为独立单元。

②互动授权，是指通过沟通技术，参与者可以一对一、一对多和多对多地同步和异步参与信息交换，是一种创建一个同步参与信息交换的介质和环境获悉程度的能力。其包含企业间在产品、服务和政策改变方面的信息共享、表扬、批评和建议等的沟通交流。

③顾客价值管理。营销学者认为顾客价值主要包括两个方面：一是企业提供给顾客的价值，二是顾客提供给企业的价值。

4.1.2 定制能力

定制能力是指企业能够用接近大规模生产成本生产定制产品，同时满足交货周期短、成本控制低和产量上规模的能力，即用合理的价格提供个性化生产。相关文献显示，学界对于定制能力的界定观点不一，有的学者认为大规模定制就是成规模的定制，不纯粹考虑顾客的个性化需求因素；有的学者认为大规模定制就是指大规模个性化定制，既考虑到企业的生产效率和规模，也考虑到顾客端的独特需求，认为定制不仅是企业生产方面的问题，还是企业对于市场端不确定的客户需求进行全面认知，从客户端分析问题，改进企业生产流程和思路的问题。其评价因素包括模块化设计能力、敏捷制造能力和业务流程重组能力等基础生产管理能力以及专业技术支持能力。

本研究采用后者的研究成果，不研究企业生产加工中的专业技术能力（如虚拟制造、成组技术等），基于我国家具制造企业的现状和特点，从生产管理和市场营销的视角出发，考虑如何基于市场需求最大限度地满足顾客的需要，企业减少对于市场认知的盲目性和不确定性，从经销商处了解更多的关于终端市场的需求资讯和产品流行趋势以及产品改良建议，最大效率地满足客户对于家具产品定制化的个性要求、时间要求，兼顾企业生产数量和生产成本，从模块化设计、敏捷制造、流程重组三方面研究家具企业的定制能力。

（1）模块化设计能力

它指的是在分析产品功能的基础上，将产品系统的要素按照一定规则组合成不同的、具有清晰功能的子系统，每个子系统都可以作为独立的通用性模块与其他模块或是产品要素组合形成新的产品系统。这种设计、生产认知能够在简化设计、缩短生产周期的基础上，产生足够数量的多元化产品组合方案，从而满足不同客户的个性化需求。模块化设计把产品的多变性与构件的标准化有效地结合起来，充分利用规模经济和范围经济的效应，缩短大量客户定制要求的同时响应队列长度，缩短交货周期，因此是实现产品多样化和加工速度最优的最佳途径，是兼顾产品数量和成本的重要的家具企业定制能力。

（2）敏捷制造能力

家具定制化生产，面临的挑战是如何以最快的速度满足顾客的不同需求，即如何采用先进的生产理念，进行敏捷制造、提高生产效率。关于敏捷制造能力的定义最具代表性的是西班牙学者安洛斯（Anlos J. W.）提出的："企业体现出来的，在不断变化和不可预测的市场环境中，借助通信工具等准确、及时地对于顾客的需求给予响应的能力。"

（3）流程重组能力

流程重组是对企业有关过程进行反思和设计，它主要包含生产流程、业务流程和服务流程三方面内容。本研究重点讨论业务流程改进。业务流程改进是指组织在实现目标的过程中,通过相关活动、过程和行为促进生产更加有效和灵活。其实质就是采取的各种减少差错、提高质量和效率的行为总和。

4.1.3 企业绩效

企业绩效通常表现为一组用于衡量企业效率与效能的指标(Fortuin,1998)。一个企业的经营绩效代表了企业与内外环境互动下的经营成果,不同的企业往往会制定不同的绩效指标,因此,有关企业绩效的定义目前学界尚未形成统一的观点。

本书借鉴美国学者拉马尼和库玛(Ramani&Kumar,2008)的研究成果,这里的绩效指的是基于顾客角度的盈利绩效和关系绩效。基于顾客基础的关系绩效是通过态度参数来评估的,而基于顾客基础的盈利绩效是通过行为参数来评估的。

4.1.4 市场环境

市场环境是指组织的外部客观存在。有关营销战略导向的研究中,学者们认为企业的内部因素和外部因素会影响企业的战略导向。目前学界对于市场环境的分析主要从市场波动与竞争强度以及宏观政策等企业不可控制的真实存在进行分析。

市场波动主要指顾客的产品偏好变化。若是顾客的产品偏好变化不大,即在一个相对稳定的市场环境下,企业不需要对其市场战略做出较大改变,企业的绩效表现良好。相反,互动导向型的家具制造企业,在市场波动剧烈时,可能无法及时调整自己的产品和服务策略,因此不能取得良好的经营绩效。

竞争强度是指家具企业面临的行业竞争、被同行模仿的情况和价格促销的影响。其主要削弱一个企业以产品为基础的竞争优势(Jaworski&Kohli,1993)。

4.2 研究假设

4.2.1 概念模型

概念模型如图 4-1 所示。

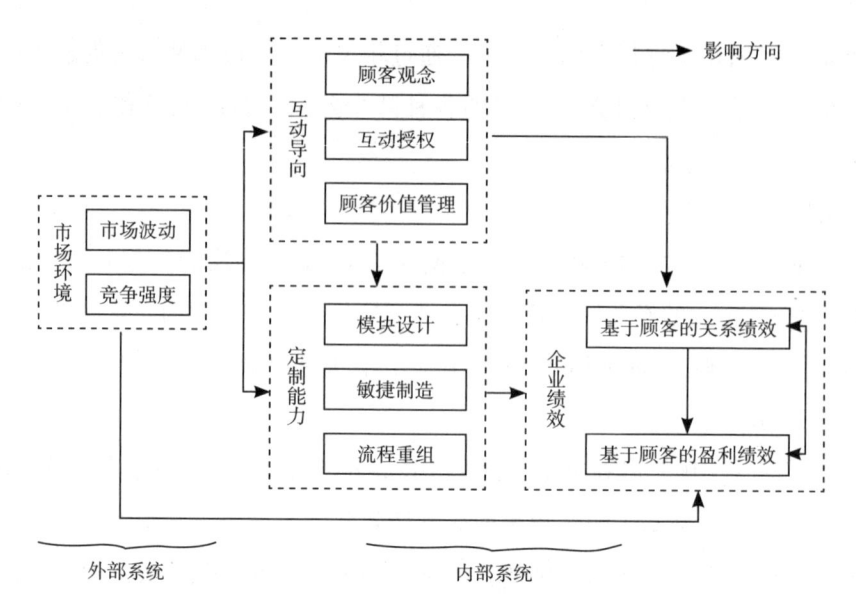

图4-1 概念模型

4.2.2 研究假设

根据第1章和第2章的研究总结,本节结合相关理论并围绕所提出的研究模型,对于互动导向和企业定制能力之间、市场环境和企业绩效之间的关系进行理论假设,明确相关变量之间的逻辑和相互作用关系。

(1)互动导向和家具企业定制能力的关系

首先从客户角度分析。基于资源基础观的观点,知识来源对于企业的经营发展影响深刻。因此,家具企业定制能力提升和企业外部创新资源有关,即调查企业所利用的创新知识的来源是什么。如果企业自身的研发部门和外部的研发组织是企业主要的知识来源,那么基于科学的知识对公司的创新活动有决定意义。但是并不是所有的民族家具企业,尤其是有定制倾向的家具企业都具有独立研发实力,这些没有研发实力的企业可能会更多地强调实践和基于经验的知识应用。因此,对于我国中小型家具制造企业而言,通过与其他特定的知识来源(企业内部的其他员工、顾客、经销商)在"干中学,用中学,互动中学,搜索中学"(Lundval&Johnson,1994)来获取的知识是有研究必要的。

其次从终端顾客角度分析。基于家具终端顾客角度,现在购买的主力是"80后"和"90后"。他们最初置业基本以小户型为主,希望发挥房屋格局的最大空间效率。因此，定制家具的产品灵活性等优势更适合消费者的购买需求。但是，我国家具企业以中小型规模为主，一时间很难进行纯粹的技术创新满足每一位顾客的定制需求，只能进行非研发创新，从经销商处了解终端顾客的定制需求，分析哪些人群是最具购买欲望的潜在顾客，企业究竟最大限度满足哪一部分购买人群的利益。这时，及时准确地获取市场信息，获取客户的支持和平日积累良好的客户关系更有必要。

因此，在家具定制制造生产中，应用从客户处获取的知识，相对于其他获取信息方式而言，学习和应用的效率最高，能更好地满足顾客当下和未来的潜在需求，通过调整企业的生产模块，如设置和调整基本模块或功能模块，进行家具尺寸和颜色的重组，尽量满足顾客对于产品的外观和形式以及环保等的需求。这样，企业创新研发的定制产品能更好地适应市场的发展趋势。家具企业定制管理过程中的信息采集与处理实质上是信息采集、传输、处理及应用的过程，它是生产的直接基础和重要依据。定制家具是以市场为导向的创造性活动，它要求创造消费市场满足大众需求，同时又能及时有效地定制生产且便于制造，更重要的是为企业创造效益。这是一个必须真正把握和解决产品开发与设计的系统化问题；也是通过客户定制信息的重复利用，从而提高产品开发效率和降低开发成本的问题。

最后从定制能力判断。家具企业的定制能力从动态能力观的角度而言，是一种整合、构建、重新配置资源和技能的能力；从知识基础观的角度判断，这是一种整合和构建知识的能力。大部分学者都认为向客户学习是企业提高定制能力的重要来源。尤其是基于供应链的学习对于企业提高大规模定制能力大有裨益。供应链的学习有助于企业改进产品和流程。例如产品模块化、产品族设计和产品结构优化等。企业将外部信息内化为企业的知识应用，提高企业定制知识的认知，提高定制家具的市场普适性以扩大企业的销售，提升企业销售业绩。并且，利用市场知识改进定制流程，既可以兼顾多样性与效率的模块化流程、延迟生产、并行加工、流程重组、流程优化等，又可以提高生产效率，抢占新品家具定制市场而采取组织惯性、组合结构的组织变革等。基于上述分析，本研究在实证研究中提出如下假设，欲加以验证。

假设：互动导向对家具企业定制能力有正向影响。

（2）互动导向和家具制造企业绩效的关系

从互动导向和企业绩效方面，学者们认为企业强调顾客观念，可以提高被授权顾客的归属感和心理所有权；通过建立顾客管理系统以实现顾企互动，提高顾客的主人翁意识，继而提高企业绩效；互动导向作为一种能力，互动导向程度越高，企业绩效越明显；无论是积极型互动还是响应型互动，对于企业的经营绩效都有影响。反之，互动双赢的局面会促进企业持续执行互动导向的战略。

首先，大多数文献从企业绩效方面检验互动导向的成果。互动导向的核心是采取顾企互动，融入客户和顾客的实践，通过持续交流互动提高客户和顾客的满意度，与其共创价值；反之，客户会给企业带来财务绩效。对于家具企业，企业绩效的范围有必要拓展，除了硬性财务指标外，还有企业的品牌绩效、客户关系绩效等。美国学者麦克基伦等（Mcneilly et al.，2006）研究认为，无论对于B2C还是B2B企业，为顾客和客户提供额外的价值，会使顾客和客户产生愉悦的感受，提升顾客忠诚度。美国学者雷波特等（Rayport et al.，2005）认为具有高效率的互动管理是企业持续竞争优势的来源，授权可以让顾客产生对于企业的归属感，进而主动支持和维护企业的健康成长。美国学者拉马尼认为企业互动能获得更多的正面口碑，产生消费者或行业"意见领袖"，促进企业获得更多的顾客和客户资源，产生更多的顾客价值，促进企业成长。同时，基于与顾客和客户的良好互动，企业可以较准确地识别出潜在可获利的顾客。企业在与顾客互动的过程中，除了分析满足顾客的需求外，还要授权采取措施搭建与顾客创造价值的平台，比如新产品和新项目的设计平台，听取客户意见，让客户参与到新产品的开发和测试中，及时推陈出新，产生更高的市场绩效。因此，互动导向可以促进企业培育和拓展顾客资源、识别获利客户、获得和保持企业的顾客资源，促进企业绩效提升。

其次，基于质性研究的成果。哈尔滨居然之家的索菲亚品牌设计总监说："虽然企业的设计一流，但个别地方还是有改进加工的可能，这些是企业未必知道的。我们有一次就反映给厂家，橱柜门的设计需要改良，把左上角的螺丝往里挪动，这样消费者使用起来更顺手，不会刮到手。还有，我们企业借用外部强大的智能系统研发实力，不仅能强化索菲亚自身智能化生产，还可以对大家居行业进行外部输出，获得更多的利润。通过这几年厂家的改进和我们各门店的努力，我们的营业收入逐年增高，目前引进的司米橱柜我们特别看好，可以在哈尔滨市场有更好的销路。再如2023年，我们推荐企业使用低价促销整装套餐，这样客单价会有所提升，我们的毛利率仍旧比2022年增长了0.4个百分点左右。"

博洛尼品牌的杭州市场总监说："现在的家具销售不能再做一锤子买卖。我们希望民用家具市场的顾客也可以为我们带来新的顾客，以降低我们的营销成本。因为现在的年轻顾客很讲究被重视的顾客体验，所以我们与客户达成共识，为终端顾客提供相对持久的售后服务。比如初次安装后，我们会为其清理内壁浮尘等。隔半年左右打一次售后服务电话，咨询用户的使用体验。我们更会经常和客户联系，了解客户的难处，了解市场信息。参照我们的产能配置，参照行业的发展目标和发展规律，合理制订客户和企业的销售计划。争取产能配套、财务配套和物流配套。由于我们和顾客以及客户的互动，民宅家具的销售量近几年尤其在杭州市场是相当不错的。"

索菲亚品牌哈尔滨市场部经理也表示："我们要了解我们开设了多少门店，哪些地方是我们的优势市场，如何巩固；哪些是我们的弱势市场，如何加强。要有门店经营效益分析、单位产出分析、组织管理能力分析和客户忠诚度分析。对于空白的市场，进行意向客户管理分析：他们的转化率有多高，影响转化率的主要因素有哪些，我们近期的改造措施是什么；分析我们的老市场是否需要做出调整，如果做出调整，会产生哪些矛盾，会损害哪些人的利益；分析我们的门店、我们的市场还需要我们提供的其他支持和服务是什么，我们如何才能具备这样的支持和服务能力。这些数据是我们必须掌握的，并且及时和客户互动，上面的信息我们才能清晰把握，然后迅速调整我们总部的生产加工步骤和流程环节，更好地占领市场。2015年以来公司智能化战略持续加码，以提升大数据精准度。并通过和消费者互动对生产系统进行改造，提升供应链效率，保持行业内信息化领先地位。2013—2015年，我们的主营收入同比增长46%、32%和39%，营业利润同比增长41%、33%和32%，净利润同比增长40%、33%和36%。这些你都可以在上市公司的财务报表中查到。"

因此，无论是对理论文献的梳理，还是通过以上几位家具品牌管理人员的分析，都表明基于企业和客户的互动可以提高企业的经营绩效。基于上述分析，本研究在实证研究中提出如下假设，欲加以验证。

假设：互动导向对家具制造企业绩效有正向影响。

（3）互动导向、定制能力和企业绩效

家具企业从客户处互动获取的知识，是市场对于产品的需求信息或需求趋势信息，是来源于市场需求的信息，定制知识的应用是直接提升企业定制能力的动力。对于家具企业而言，提升的定制能力直接作用于产品，使家具产品在功能、模块、设计、流程和效率等方面更符合区域、客户和终端顾客的需求，带动企业绩效提升。反之，企业绩效的提升又会促进企业的定制能力和定制水平不停地迭代。基于上述分析，本研究在实证研究中提出如下假设，欲加以验证。

假设：互动导向主要通过影响定制能力间接影响企业绩效；家具制造企业定制能力对企业绩效有正向影响，企业绩效的提升会反作用于定制能力。

（4）市场环境与互动导向、家具定制能力以及企业绩效

安蔚瑾（2009）在其博士论文中深入分析了大规模定制的因素，其中环境对于企业实施该模式有影响，多样的市场需求和竞争的市场环境对于定制化水平有影响。荷兰学者瓦伦堡（Wallenburg，2011）以制造业为样本进行研究，结果显示：越是在动荡的市场环境中，主动改善顾企关系越有利于提高顾客忠诚度，提高基于顾客的关系绩效。

顾企互动是企业主动改善顾客价值管理的行为，通过为顾客提供超出其预期的价值，获得顾客的忠诚，对于B2C类型的企业和B2B类型的企业都适用。学者研究发现：无论制造业还是零售业，企业主动的顾企互动行为对顾客忠诚的关系绩效的影响受市场动态性调节，市场环境越动荡，顾企互动越有利于提高企业的关系绩效。市场环境在顾企互动和企业的关系绩效中起调节作用。市场环境是外部影响因素，企业可以适应外部的变化，用变化的思维处理外部因素，适应形势和政策以及竞争压力。外部环境影响对于企业既是机遇也有挑战，家具企业必须调整自己的定制能力和互动水平，以更好地适应市场。基于上述分析，本研究在实证研究中提出如下假设，欲加以验证。

假设：市场环境对互动导向有正向影响；市场环境对定制能力有调节作用；市场环境对企业绩效产生影响。

综上所述，具体变量关系假设如下：

①互动导向对企业绩效有正向影响；

②互动导向对定制能力有正向影响；

③定制能力对企业绩效有正向影响；

④市场环境对互动导向有正向影响；

⑤市场环境对定制能力会产生调节作用；

⑥市场环境对企业绩效产生影响；

⑦企业绩效的提升会反作用于定制能力；

⑧互动导向主要通过影响定制能力间接影响企业绩效；

⑨顾客关系绩效的改善能提升顾客的盈利绩效；

⑩市场环境主要通过互动导向与定制能力间接影响企业绩效，即市场环境对企业绩效不存在直接影响；

⑪其他影响因素不在本研究范畴内，予以忽略不计。

4.3　互动导向下家具定制能力及企业绩效问卷设计

4.3.1　维度的选取

基于第2、第3章中相关分析，本节设计了调查问卷以研究基于互动导向的家具制造企业定制能力及企业绩效关系，并且通过问卷的预设计与后期修正得到了最终的调查问卷。

该调查问卷主要包括基本信息、互动导向、定制能力、企业绩效以及市场环境5个类别。其中，互动导向类别包括顾客观念、互动授权以及价值管理；定制能力包括模块设计、敏捷开发以及流程重组3个维度；企业绩效包括盈利绩效和关系绩效2个维度；市场环境则主要由竞争强度和市场波动2个维度构成，每个维度下设若干问题，如表4-1所示。

4.3.2　设计的标准、原则、步骤

4.3.2.1　设计标准

第一，提供必要的决策信息。问卷内容逻辑清晰，能为本研究服务。

第二，从应答者角度出发，市场调查问卷设计表应简洁、具有逻辑性。

第三，市场调查问卷设计表还要注意：①与调查目标相一致。市场调查问卷设计表是为调查目标服务的。一份优秀的市场调查问卷设计表必须将所要调查的内容全部涉及，没有遗漏。同时，也要尽量避免多余的问题，避免问卷冗长。在考虑调查目标的同时，市场研究人员必须将调查目的转化为应答者能理解的形式，并将其转化为满足管理者信息要求的调查结果和建议。②与应答者沟通，获得合作。市场调查问卷设计表要考虑应答者的知识文化水平，这样才能与应答者沟通，获得合作。③方便访问员记录。④便于快捷编辑和检查已完成的问卷设计表，易于编码和数据输入。

问卷主体类别与指标构成情况如表 4-1 所示。

表4-1 问卷主体类别与指标构成情况

类别	维度	问题编号	问题命名	类别	维度	问题编号	问题命名
互动导向	顾客观念	问题1	款式提供	定制能力	模块设计	问题13	通用部件使用
		问题2	换位思考			问题14	标准部件组合
		问题3	营销反应			问题15	满足个性需求
		问题4	交易记录			问题16	组件重复使用
		问题5	制定任务			问题17	附加功能增减
	互动授权	问题7	意见反馈			问题18	工艺设备应用
		问题8	交换看法		敏捷开发	问题19	产品更新
		问题9	参与设计			问题20	软件应用
		问题50	经营绩效奖惩			问题21	部门协调
	价值管理	问题6	区别交往			问题22	技术获取
		问题10	区分利润贡献			问题23	及时配送
		问题11	预测企业贡献		流程重组	问题24	流程调整
		问题12	区分营销收益			问题25	作业优化

续表

类别	维度	问题编号	问题命名	类别	维度	问题编号	问题命名
定制能力	流程重组	问题26	应对突发事件	企业绩效	关系绩效	问题39	关系终止
		问题27	解决家具问题		盈利绩效	问题40	获取潜在顾客
		问题28	非标准定制			问题41	复购与推荐
		问题29	定制信息沟通			问题42	顾客增长
企业绩效	关系绩效	问题30	信任厂家			问题43	知名度提升
		问题31	营销信心			问题51	销售额增长
		问题32	厂家信誉			问题52	经营绩效增长
		问题33	目标一致	市场环境	竞争强度	问题44	行业竞争
		问题34	观念认同			问题45	活动模仿
		问题35	保持关系收益			问题46	价格促销
		问题36	避免关系损失		市场波动	问题47	产品偏好
		问题37	关系建立投入			问题48	产品更新
		问题38	品牌替换			问题49	代理增加

4.3.2.2 设计原则

（1）目的性原则

问卷调查是通过向被调查者询问来进行调查的。所以，设置的问题必须是与调查主题有密切关联的问题。这就要求在问卷设计中要重点突出，避免可有可无的问题，并把主题分解为更详细的项目，即把它做成具体的询问形式以供回答。总之，设计者在问卷设计中要明确"为什么要问这个问题，这个问题能够得到什么信息"。

（2）可接受性原则

问卷设计表应该能为被调查者所接受。应使用适合被调查者身份、水平的用语，尽量避免设置一些会令被调查者难堪或者反感的问题。

（3）顺序性原则

问卷设计表应该按照先易后难、先闭后开、先共性后个性等逻辑顺序进行设计。

（4）简明性原则

调查内容要简明，调查时间要简短，设计要简单明了。

（5）匹配性原则

匹配性原则是指要使被调查者的回答结果容易进行检查、数据处理和分析。所提问题都应事先考虑到能对回答结果进行分类和统计，便于分析。此外，调查结果要能够跟常识或以前的资料相匹配，否则可能是误差太大所致，应分析原因并修正。

4.3.2.3　设计步骤

第一步：确定所需信息；

第二步：确定数据收集方法；

第三步：确定提问类型；

第四步：确定提问和答案的设计；

第五步：确定问题的顺序；

第六步：确定预调查；

第七步：确定问卷设计表的印刷。

4.3.3　问卷量表设置

问卷问题答案选用李斯特5级量表，5个选项分别为"非常不同意、不同意、一般、同意、非常同意"（或改"同意"为"符合"），因此，对选项进行赋值时从低到高依次为1～5，其他非等级选项问题无须赋值。所有问卷指标都是正向指标，若有个别问题出现负向指示，可通过人为设置将其调整为正向指标（最终实施的问卷见附表31）。

4.4　问卷调查

本研究以2023年3月哈尔滨家居材料博览交易会的展商以及哈尔滨居然之家先锋店和爱建店为主要对象，以板式家具商家为主，被调查者主要由销售代表组成，也包含设计师、销售经理以及设计经理等人群。为了尽量保证每一家企业调研数据的有效性，避免某一家品牌1人作答失信的情况，同一家具品牌尽量发放2份以上（包含2份）问卷。重点调研了索菲亚和欧派等一线定制家具品牌经销商，其中索菲亚家具品牌发放问卷25份，欧派家具品牌发放问卷26份。另外，还对富登柏林、凯诚橱柜、理想百程、欧私邦、国振、展志天华、博洛尼橱柜、康洁橱柜、索菲亚司米、欧洛克、我乐、HANSSEN（汉森）、志邦、意风定制家具、克拉斯、昱美达、曲美、展志天华、华鹤壁柜门、枫丹香榭丽、皇家凯旋宫、美郡、欧迪堡、圣斯克、欧法特等112家具有定制意向和定制行为的家具品牌经销商进行了调研。共发放300份问卷，回收问卷272份，其中有效问卷239份，问卷有效率为79.67%，可以进行后续的问卷调查结果分析。

4.5 问卷调查结果分析

4.5.1 互动导向类别

（1）顾客观念

对互动导向类别下"顾客观念"维度中5个问题的调查结果进行描述性统计，结果如表4-2所示。

由表4-2可知，"款式提供"针对问卷中问题1"厂家能视情况向代理商提供不同系列（款式）的家具"，从239份有效问卷的选择情况来看，"完全不同意~完全同意"5个等级的选择人数依次为：28人、25人、44人、74人和68人，平均分值为3.5397，得分标准差为1.3179，从"款式提供"各个问题选项所在的比重来看（图4-2），30.96%的被调查者比较同意"厂家能视情况向代理商提供不同系列（款式）的家具"，而28.45%的被调查者完全同意，两者比例和达到59.44%，表明整体上被调查者认同"厂家能视情况向代理商提供不同系列（款式）的家具"的观点。

表4-2 "顾客观念"维度问题描述性统计

序号	名称	1	2	3	4	5	均值	标准差
问题1	款式提供	28	25	44	74	68	3.5397	1.3179
问题2	换位思考	3	10	70	71	85	3.9414	0.9640
问题3	营销反应	6	13	83	82	55	3.6987	0.9665

续表

序号	名称	1	2	3	4	5	均值	标准差
问题4	交易记录	11	30	74	83	41	3.4728	1.0603
问题5	制定任务	7	12	76	78	66	3.7699	1.0049

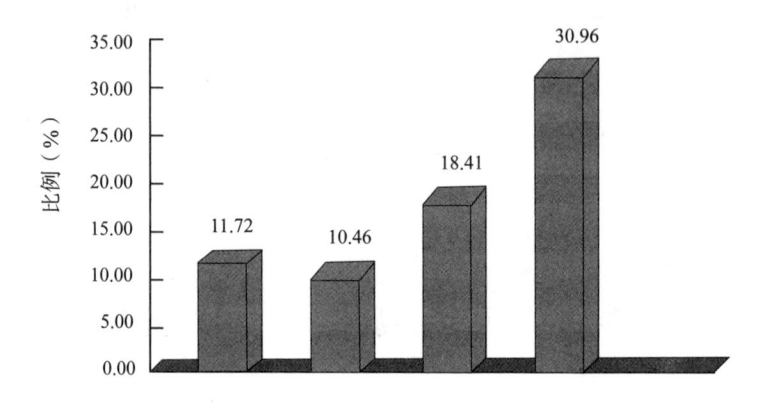

图4-2 款式提供比例图

此外,"换位思考"问题平均分值为3.9414,得分标准差为0.9640,并且有35.56%(85人)完全同意"厂家能站在代理商的角度分析和获得新顾客"的观点,所选人数最多;"营销反应"问题平均分值为3.6987,标准差为0.9665,其中有34.31%(82人)比较同意"厂家能观察单个代理商对企业营销活动的反应",仅次于一般选项的34.73%;"交易记录"问题的平均分值为3.4728,得分标准差为1.0603,其中有34.73%(83人)比较同意"厂家有记录不同代理商之间交易活动的系统或能力",所选人数最多。

最后,从"制定任务"问题的选项得分情况来看,"完全不同意～完全同意"5个等级的选择人数依次为:7人、12人、76人、78人和66人,平均分值为3.7699,得分标准差为1.0049,从"制定任务"各个问题选项所在的比重来看(图4-3),31.8%的被调查者选择"一般",32.64%的被调查者选择"比较同意",27.62%的被调查者选择"完全同意",并且这3类选项累计达到92.06%,表明被调查者整体上认同"厂家能根据我方的销售能力合理地制定下一年度的销售指标(或具体任务)"的观点。

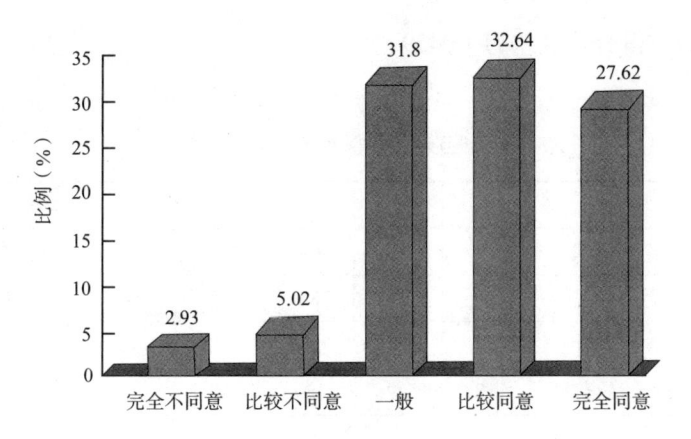

4 互动导向下家具制造企业定制能力与绩效关系模型及调查分析

图4-3 制定任务比例图

从"顾客观念"维度5个问题整体得分情况来看，被调查者对上述5个问题的积极看法远大于消极看法，这表明现阶段家具企业代理商比较认同企业生产厂家所秉持的顾客观念。从5个问题的平均分值来看，"换位思考"和"制定任务"的认同度较高，"款式提供"和"交易记录"的认同度略低。而从5个问题得分的标准差来看，"换位思考"和"营销反应"的标准差最低，这表明这2个问题的回答情况最稳定。相比之下，"款式提供"的标准差较大，存在较大波动性，这表明生产厂家对代理商提供不同款式家具时要进一步甄别代理商的需求差异，更好地满足代理商对不同款式产品的需求。

（2）互动授权

对互动导向类别下"互动授权"维度中4个问题的调查结果进行描述性统计，结果如表4-3所示。

由表4-3可知，问题7"意见反馈"代表问卷问题"厂家鼓励代理商反馈对于家具定制和厂家的看法"，从问题选择情况来看，有86人选择"完全同意"，占总人数的35.98%，"完全不同意"和"比较不同意"的选择人数和为17人，仅占总人数的7.11%，并且问题平均分值为3.9205，得分标准差为1.0279，即大多数被调查者认同"厂家鼓励代理商反馈对于家具定制和厂家的看法"；问题8"交换看法"代表问卷问题"厂家鼓励同行之间交换看法"，从问题选择情况来看（图4-4），有88人选择"一般"，占总人数的36.82%，"完全不同意"和"不同意"的选择人数和为32人，仅占总人数的13.39%，并且问题平均分值为3.5607，得分标准差为1.0429。

表4-3 "互动授权"维度问题描述性统计

序号	名称	1	2	3	4	5	均值	标准差
问题7	意见反馈	7	10	64	72	86	3.9205	1.0279
问题8	交换看法	7	25	88	65	54	3.5607	1.0429
问题9	参与设计	14	37	93	50	45	3.3138	1.1217
问题50	经营绩效奖惩	18	29	117	52	23	3.1381	1.0051

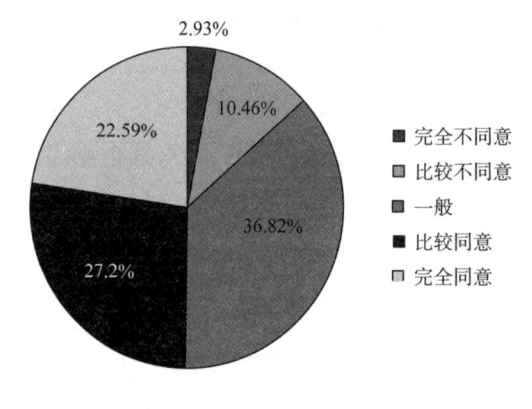

图4-4 "交换看法"饼形图

问题9"参与设计"代表问卷问题"厂家鼓励代理商参与，同他方一起设计或改进定制家具"，问题平均分值为3.3138，得分标准差为1.1217；问题50"经营绩效奖惩"代表问卷问题"厂家会依据我方的经营绩效进行奖励和惩罚"，问题平均分值为3.1381，得分标准差为1.0051，从选项的构成比重情况来看（图4-5），选择"一般"的被调查者最多，占总人数的48.95%，接近总人数的一半，其次为选择"较多"，占总人数的21.76%，而选择"非常少"和"较少"的人数和为47人，占总人数的19.66%。

从"互动授权"维度4个问题整体的得分情况来看，被调查者对上述4个问题的认同度依次降低，其中，"意见反馈"的平均分最高，为3.9205，接近4，即平均认同水平接近"比较同意"，而"经营绩效奖惩"的平均得分最低，仅为3.1381，更接近"一般"水平。此外，从上述4个问题的标准差来看，"参与设计"的标准差值最大，为1.1217，即"参与设计"的被调查者存在很大的认同差异，而其他 3 个问题的标准差值在 1.00~1.05，被调查者的认同相对一致。可见，在提升"互动授权"维度整体水平时，应该更加注重提升代理商与生产企业之间的相互交流，进一步推动代理商参与家具企业产品的设计与改进，并运用多种有效形式建立企业与代理商之间的经营奖惩互动机制，从而更好地促进企业与代理商之间互动授权的提升。

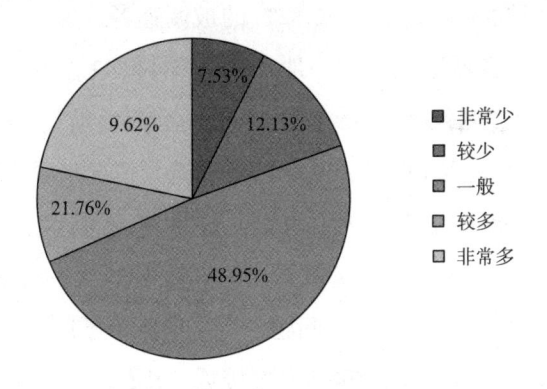

图4-5 "经营绩效奖惩"饼形图

（3）价值管理

对互动导向类别下"价值管理"维度中 4 个问题的调查结果进行描述性统计，结果如表4-4 所示。

表4-4 "价值管理"维度问题描述性统计

序号	名称	1	2	3	4	5	均值	标准差
问题 6	区别交往	10	16	104	59	50	3.5146	1.0284
问题 10	区分利润贡献	2	31	88	50	68	3.6318	1.0564
问题 11	预测企业贡献	19	10	90	75	45	3.4895	1.0918
问题 12	区分营销收益	2	14	79	92	52	3.7448	0.8921

由表4-4 可知，问题 6"区别交往"代表问卷问题"厂家同代理商如何交往是基于代理商的交易信息进行的"，问题的平均得分为 3.5146，介于"一般"水平与"比较同意"水平之间，得分的标准差为 1.0284，此外，从问题的选择

情况来看（图 4-6），有 43.51% 的被调查者认为厂家与代理商之间能够进行区别交往的水平为"一般"（104 人），但是持有积极看法（比较同意和完全同意）的比重为 45.61%，仍旧大于持消极看法（完全不同意和比较不同意）的比重为 10.87%；问题 10 "区分利润贡献"代表问卷问题"厂家清楚代理商为公司利润做了哪些贡献"，问题的平均得分为 3.6318，略接近"比较同意"水平，得分的标准差为 1.0564，其中有 36.82% 的被调查者认为"厂家清楚代理商为公司利润做了哪些贡献"处于"一般水平"；问题 11 "预测企业贡献"代表问卷问题"厂家会预测代理商未来对于企业的利润贡献"，问题的平均得分为 3.4895，得分的标准差为 1.0918，从该问题的选择情况来看（图 4-7），认为该问题属于"一般"水平的有 90 人，占总人数的 37.66%，而持有积极看法的有 118 人，占总人数的 48.37%，持消极看法的人数为 29 人，占总人数的 12.13%；问题 12 "区分营销收益"代表问卷问题"厂家能区分不同代理商对于企业的营销收益"，问题的平均得分为 3.7448，更接近"比较同意"水平，得分的标准差为 0.8921，被调查者的认同情况更为一致。

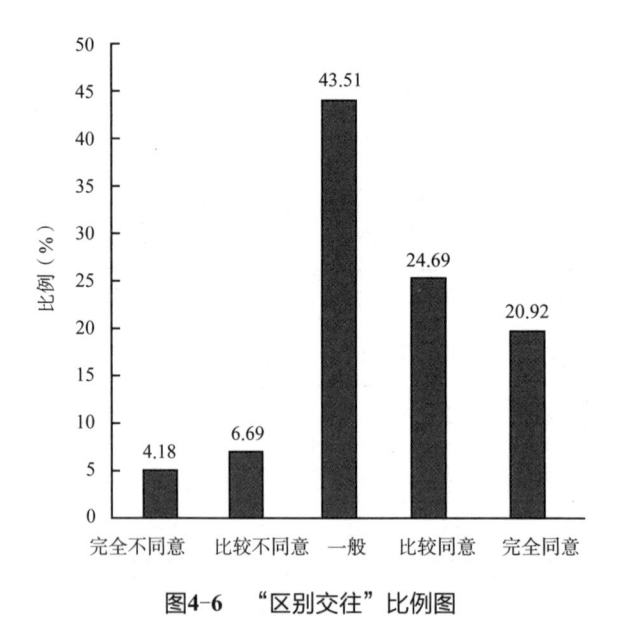

图4-6 "区别交往"比例图

此外，从"价值管理"维度 4 个问题整体的得分情况来看，上述 4 个问题的平均得分均较高，并且持积极看法的比重远大于持消极看法的比重，其中，

"预测企业贡献"的平均得值最低，为3.4895，即为了更好地提升代理商与企业间的价值管理，应该重点提升厂家对代理商利润贡献的预测与识别能力，并通过划分不同类型的代理商进一步进行区别交往以提升整体的经营水平。

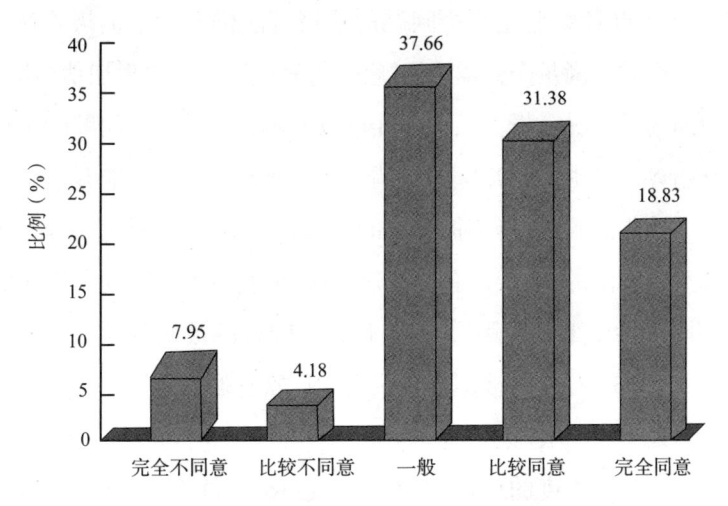

图4-7 "预测企业贡献"比例图

4.5.2 定制能力类别

（1）模块设计

对定制能力类别下"模块设计"维度中6个问题的调查结果进行描述性统计，结果如表4-5所示。

表4-5 "模块设计"维度问题描述性统计表

序号	名称	1	2	3	4	5	均值	标准差
问题13	通用部件使用	3	19	90	73	54	3.6527	0.9574
问题14	标准部件组合	7	15	82	71	64	3.7113	1.0230
问题15	满足个性需求	6	28	59	55	91	3.8243	1.1387
问题16	组件重复使用	19	30	65	56	69	3.5272	1.2495
问题17	附加功能增减	16	25	83	55	60	3.4937	1.1699
问题18	工艺设备应用	3	15	64	78	79	3.8996	0.9779

由表4-5可知，问题13至问题18分别代表问卷问题"厂家能用通用和

标准件较好地满足顾客的定制要求"至"厂家有能力应用相关的设备与工艺进行大规模生产"（详见附表31），其中，上述6个问题中平均得分最高的是问题18"工艺设备应用"，平均得分最低的是问题17"附加功能增减"，从整体看，被调查者对上述6个问题的积极看法仍旧大于消极看法。

这里进一步对"满足个性需求""组件重复使用"和"附加功能增减"3个问题进行内部选择情况分析。从图4-8可以看出，上述3个问题的选择比重整体呈现上升趋势，其中，38.08%的被调查者完全同意"厂家能开发一系列家具满足顾客的个性化需求"，持积极看法的人数达到146人，占总人数的61.09%，远远大于持消极看法的34人；有28.87%的被调查者完全认同"厂家的产品组件能够在不同产品中重复使用"，但是仍有27.2%的被调查者认为该问题处于"一般"水平；有34.73%的被调查者认为"厂家有能力通过增减部件来增减家具附加功能"处于"一般"水平。

在"模块设计"维度的6个问题中，问题16"组件重复使用"和问题17"附加功能增减"的平均分值最低，分别为3.5272和3.4937，并且这2个问题得分的标准差也最大，分别为1.2495和1.1699，因此，有效地提升企业对生产过程中的模块管理与设计调整，必须重点关注企业生产过程中的组件重复使用情况和企业生产模块的附加功能调整模式，从而有效地提升企业生产过程中的模块使用效率。

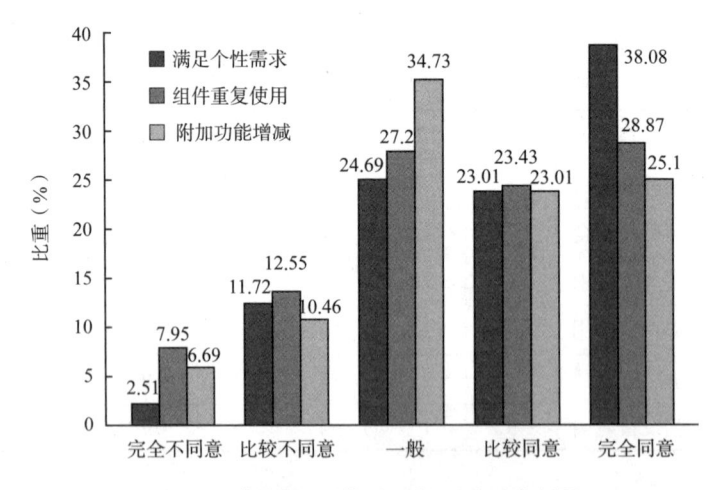

图4-8 "模块设计"主要问题选项比例图

（2）敏捷开发

对定制能力类别下"敏捷开发"维度中 5 个问题的调查结果进行描述性统计，结果如表 4-6 所示。

由表 4-6 可知，"敏捷开发"维度中 5 个问题平均分值在 3.7950～4.0251 之间，得分水平整体较高，而标准差值的在 0.9827～1.1115 之间。从整体来看，被调查者对上述 5 个问题的积极看法远远大于消极看法，即表明企业在敏捷开发方面保持较高的水平。

表4-6 "敏捷开发"维度问题描述性统计

序号	名称	1	2	3	4	5	均值	标准差
问题 19	产品更新	5	26	47	62	99	3.9372	1.1115
问题 20	软件应用	3	16	46	81	93	4.0251	0.9827
问题 21	部门协调	4	22	57	66	90	3.9038	1.0627
问题 22	技术获取	4	18	80	56	80	3.7950	1.0431
问题 23	及时配送	7	18	61	65	88	3.8745	1.0851

由表 4-6 可以看出，企业"技术获取"的平均得分最少，为 3.7950，这表明"家具企业能迅速地将获取的新技术应用到定制生产中"能力相对不足。实际上，现代家具制造企业在运行过程中不仅要做到产品的及时更新、部门间的协调配合以及产品的及时配送，更要注重高新技术的应用，尤其是自动化生产设备的应用，因此，相关设计软件的使用以及新技术、新设备的运用也是提升家具制造企业敏捷开发的有效方式，更是现代化家具制造企业快速发展的关键所在。

这里进一步对"产品更新""软件应用"和"及时配送"3 个问题进行内部选择情况分析。从图 4-9 可以看出，上述 3 个问题的选择比重整体上呈现明显的上升趋势，其中，41.42% 的被调查者完全同意"厂家能根据市场热销的新款家具及时更新自己的产品以供顾客选择"的观点，38.91% 的被调查者完全同意

"厂家能利用家具设计软件提高定制效率"的观点，36.82%的被调查者完全同意"厂家能及时地进行产品配送"的观点。上述3个问题被调查者持消极看法的比重分别为12.97%、7.95%和10.46%，所占比重相对较小。

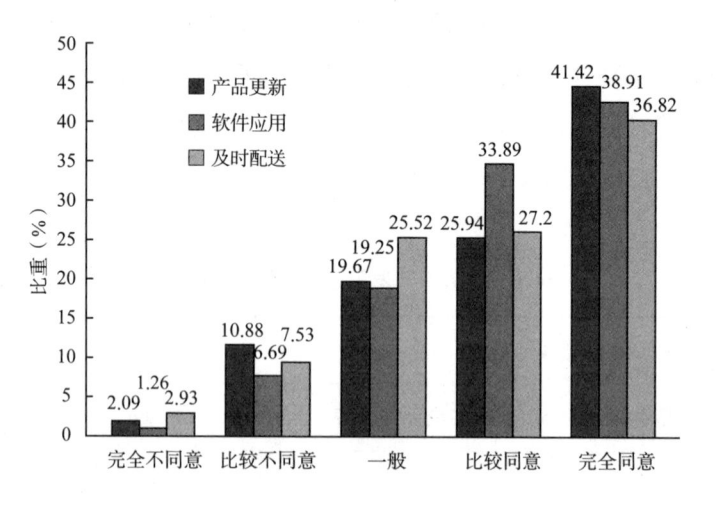

图4-9 "敏捷开发"主要问题选项比例图

（3）流程重组

对定制能力类别下"流程重组"维度中6个问题的调查结果进行描述性统计，结果如表4-7所示。

表4-7 "流程重组"维度问题描述性统计

序号	名称	1	2	3	4	5	均值	标准差
问题24	流程调整	4	22	79	60	74	3.7448	1.0481
问题25	作业优化	5	20	82	63	69	3.7155	1.0384
问题26	应对突发事件	5	24	70	65	75	3.7573	1.0689
问题27	解决家具问题	6	21	65	72	75	3.7908	1.0602
问题28	非标准定制	3	39	58	77	62	3.6527	1.0733
问题29	定制信息沟通	3	28	59	79	70	3.7741	1.0367

由表4-7可知，"流程重组"维度中6个问题平均分值在3.6527～3.7908

之间，得分水平整体较高并且上述6个问题的平均分值也较为一致，标准差值在1.0367～1.0733之间，并且从整体来看，被调查者对上述5个问题的积极看法远大于消极看法，这表明企业在流程重组方面保持较高的水平。

这里进一步对"流程调整""解决家具问题"和"定制信息沟通"3个问题进行内部选择情况分析。从图4-10可以看出，上述3个问题的选择比重主要侧重"一般""比较同意"和"完全同意"3个水平，其中，33.05%的被调查者认为"厂家能通过调整生产流程等内容满足顾客的特别定制需要"处于"一般"水平，但仍有30.96%的调查者认为处于"完全同意"水平；31.38%的被调查者认为"厂家能快速解决返工家具等类似问题"处于"完全同意"水平，但是处于"一般"和"比较同意"水平的选择率也较高，分别为27.2%和30.13%；33.05%的被调查者认为"厂家和我方能借助相关软件或网络系统对顾客的定制信息进行及时沟通"处于"比较同意"水平，并且有29.29%的被调查者认为处于"完全同意"水平。

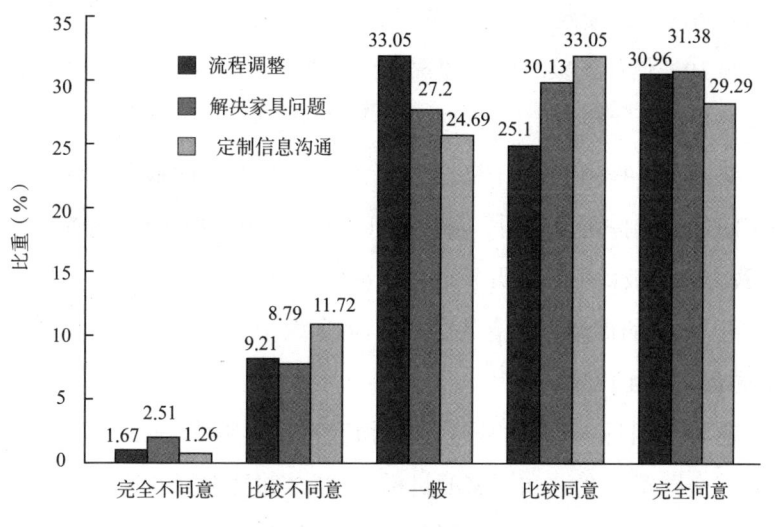

图4-10 "流程重组"主要问题选项比例图

从整体上看，"流程重组"维度中6个问题广泛地涉及家具制造企业生产流程的各个阶段，从定制信息的沟通交流到定制生产的作业优化，再到流程调整适应顾客的非标准产品需求，最后到应对家具定制流程中可能出现的各种问题，实际上，这6个方面有效地涵盖了家具制造企业生产过程中的关键节点。

因此，为了更好地提升家具企业生产效率，尤其是生产流程中的运行效率，完善的生产与运作流程是建立现代化家具企业的必然要求，企业要结合自身实际情况，逐步提升自身的流程重组能力，从而更好地应对家具市场的多样化需求。

4.5.3 企业绩效类别

（1）关系绩效

对企业绩效类别下"关系绩效"维度中10个问题的调查结果进行描述性统计，结果如表4-8所示。

由表4-8可知，"关系绩效"维度中10个问题的平均分值差异较大，其中，问题31"营销信心"的平均分值最大，为4.0586，平均水平达到"比较同意"，其得分标准差为0.9194，而问题36"避免关系损失"的平均分值最小，仅为3.3933，平均水平更接近"一般"，其得分标准差为1.1058，从整体来看，被调查者对上述10个问题的积极看法远大于消极看法，这表明在维持家具企业与代理商之间的关系绩效方面保持较高的水平。

从问题30"信任厂家"的选项选择情况来看，如图4-11所示，35.98%的被调查者完全同意"我方信任厂家"，认为该问题处于"一般"和"比较同意"水平的达到了30.54%和28.03%，整体上处于较高的认同水平；从问题31"营销信心"的选项选择情况来看，如图4-12所示，38.49%的被调查者完全同意"厂家和我方对于彼此的市场开发和营销能力有足够的信心"，认为该问题达到"比较同意"水平的被调查者有34.73%，远远大于"完全不同意"的0.84%和"比较不同意"的4.18%。

从问题33"目标一致"的选项选择情况来看，如图4-13所示，43.51%的被调查者完全同意"我方和厂家的目标一致"，并且选择"比较同意"的人数有53人，占总人数的22.18%，远远大于持消极看法的6.27%；从问题38"品牌替换"的选项选择情况来看，如图4-14所示，从"完全不同意"到"完全同意"的选择人数逐渐上升，其中33.05%的被调查者完全同意"我方短期内（1～2年）不愿意替换其他品牌的厂家"，并且持积极看法的人数为149人，远大于持消极看法的34人。

表4-8 "关系绩效"维度问题描述性统计

序号	名称	1	2	3	4	5	均值	标准差
问题30	信任厂家	4	9	73	67	86	3.9289	0.9826
问题31	营销信心	2	10	52	83	92	4.0586	0.9194
问题32	厂家信誉	3	18	61	45	112	4.0251	1.0687
问题33	目标一致	5	10	67	53	104	4.0084	1.0371
问题34	观念认同	9	14	47	82	87	3.9372	1.0652
问题35	保持关系收益	11	19	74	73	60	3.6360	1.0834
问题36	避免关系损失	15	29	85	67	43	3.3933	1.1058
问题37	关系建立投入	9	22	81	73	54	3.5900	1.0528
问题38	品牌替换	11	23	56	70	79	3.7657	1.1466
问题39	关系终止	10	17	81	60	71	3.6904	1.0983

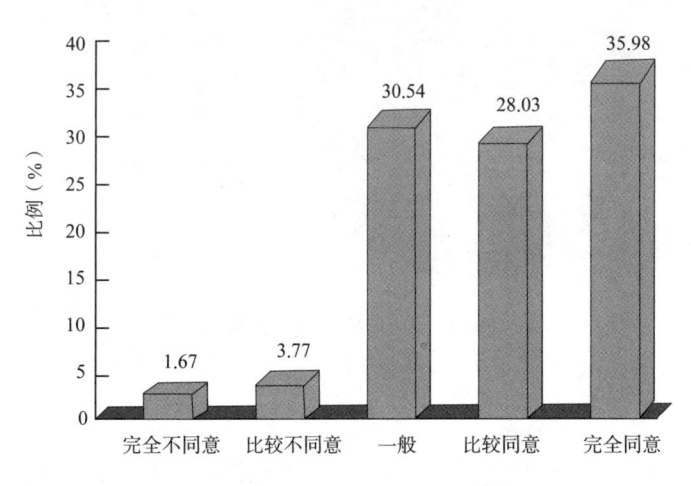

图4-11 "信任厂家"比例图

从上述描述性统计结果来看，被调查者普遍认为代理商与家具生产厂商之间彼此信任对方，对彼此的市场开发能力以及产品影响能力充满信心，并且双方在相关经营目标上比较一致，因此，无论是生产厂商还是家具代理商在短期内都不会改变相应的代理关系。显然，生产厂商与代理商之间的关系较为融洽，双方的关系绩效整体上保持在较高水平。

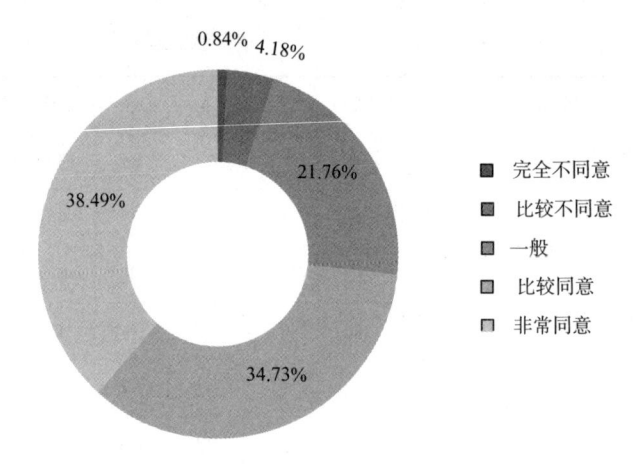

图4-12 "营销信心"环形图

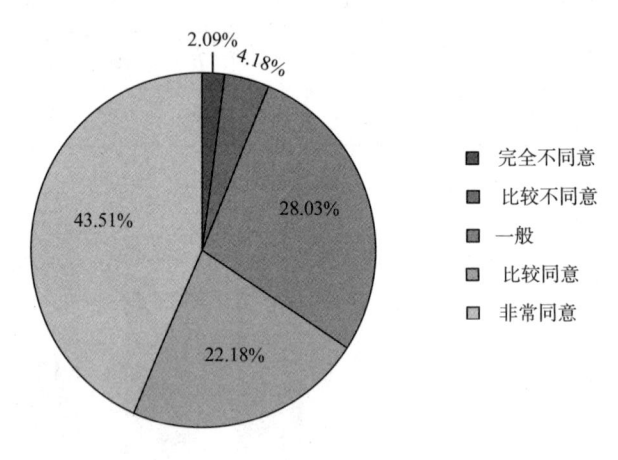

图4-13 "目标一致"饼形图

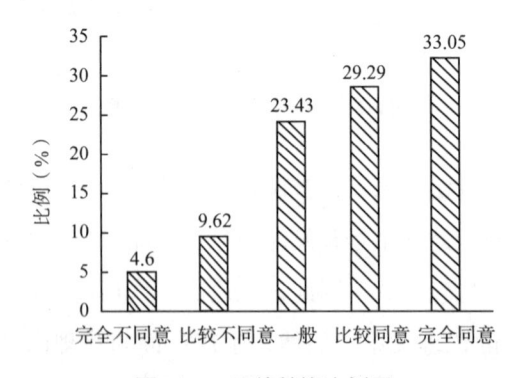

图4-14 品牌替换比例图

(2)盈利绩效

对企业绩效类别下"盈利绩效"维度中 6 个问题的调查结果进行描述性统计,结果如表 4-9 所示。

由表 4-9 可知,"盈利绩效"维度中 6 个问题的平均分值差异较大,其中,问题 40"获取潜在顾客"的平均分值最高,为 3.8996,整体水平基本达到"比较同意",其得分标准差为 1.0524;而问题 51"销售额增长"的平均分值最低,为 3.2594,整体水平接近"一般",其得分标准差为 0.8449,得分相对稳定。

表4-9 "盈利绩效"维度问题描述性统计

序号	名称	1	2	3	4	5	均值	标准差
问题 40	获取潜在顾客	6	19	52	78	84	3.8996	1.0524
问题 41	复购与推荐	4	19	59	74	83	3.8912	1.0273
问题 42	顾客增长	4	21	62	65	87	3.8787	1.0562
问题 43	知名度提升	5	15	65	70	84	3.8912	1.0273
问题 51	销售额增长	8	18	135	56	20	3.2594	0.8449
问题 52	经营绩效增长	5	15	129	61	29	3.3933	0.8576

从问题 40"获取潜在顾客"的选项选择情况来看,如图 4-15 所示,35.15% 的被调查者完全同意"我方有能力持续获取更多的潜在顾客并获利",并且有 32.64% 的被调查者比较同意该观点,持消极看法的被调查者仅有 25 人,占总人数的 10.46%;从问题 51"销售额增长"和问题 52"经营绩效增长"来看,如图 4-16 所示,56.49% 的被调查者认为"经过厂家和你方的沟通与努力,你方的销售额会增长"处于"一般"水平,同样有 53.97% 的被调查者认为"经过厂家和你方的沟通和努力,双方经营绩效增长"处于"一般"水平。尽管被调查者对"销售额增长"和"经营绩效增长"保持中立的人数占绝大多数,但是持积极看法的被调查者仍然大于持消极看法的调查者人数。

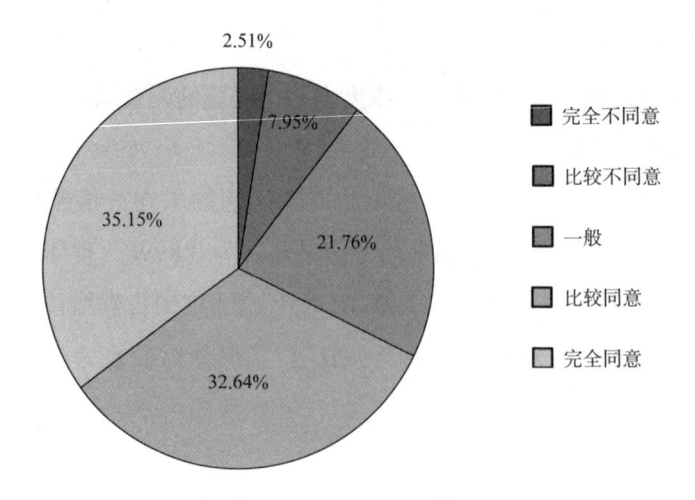

图4-15 "获取潜在顾客"饼形图

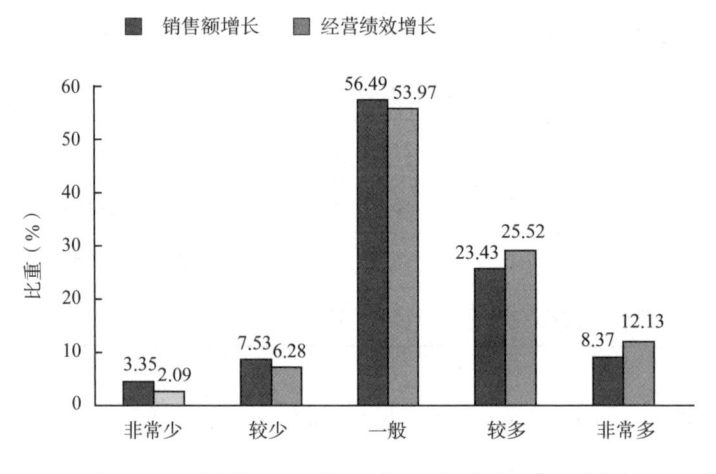

图4-16 "销售额增长"与"经营绩效增长"比例图

实际上,"销售额增长"和"经营绩效增长"一方面受到企业生产经营和代理商营销运作的内在影响,另一方面受到家具市场波动与消费者需求变化的外在影响。其中,内在影响在实际运行过程中往往占据主导地位,而外在影响也会对生产厂商与代理商的盈利绩效产生重要影响。因此,为了有效提升家具生产厂商与代理商的盈利绩效,生产厂商与代理商的都应该充分把握自身实际情况,并根据家具市场的具体变动以及消费者的潜在需求及时调整自身的经营模式和产品生产格局,从而更好地满足市场需求,获取更多的潜在收益。

4.5.4 市场环境类别

（1）竞争强度

对市场环境类别下"竞争强度"维度中 3 个问题的调查结果进行描述性统计，结果如表 4-10 所示。

表4-10 "竞争强度"维度问题描述性统计

序号	名称	1	2	3	4	5	均值	标准差
问题44	行业竞争	3	18	42	63	113	4.1088	1.0273
问题45	活动模仿	8	18	62	70	81	3.8285	1.0846
问题46	价格促销	6	10	55	70	98	4.0209	1.0185

由表 4-10 可知，"竞争强度"维度中 3 个问题的平均分值均较高，其中"行业竞争"的平均分值最大，为 4.1088，属于"比较同意"水平，其得分标准差为 1.0273；而"活动模仿"的平均分值最小，为 3.8285，但仍接近"比较同意"水平，其得分标准差为 1.0846。

从问题 44 "行业竞争"的调查结果分析来看，如图 4-17 所示，239 份有效问卷中有 47.28% 的被调查者完全同意"家具行业的竞争十分激烈"，并且有 26.36% 的被调查者也比较同意这一观点，这符合家具市场竞争水平的实际情况。同样，为了应对激烈的市场竞争，家具代理商和生产厂商往往采取价格促进和活动模仿等形式提升自身的市场竞争能力。显然，无论是"价格促销"还是"活动模仿"的调查结果都很好地印证了这一点。

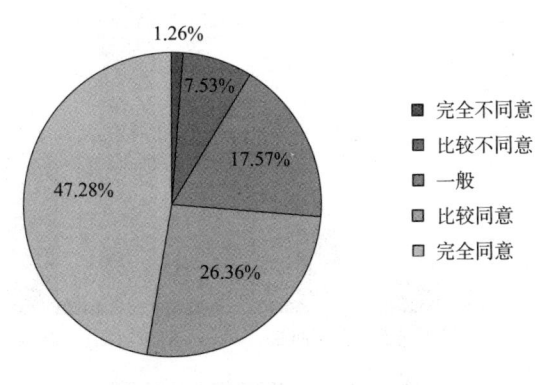

图4-17 "行业竞争"饼形图

（2）市场波动

对市场环境类别下"市场波动"维度中 3 个问题的调查结果进行描述性统计，结果如表 4-11 所示。

表4-11 "市场波动"维度问题描述性统计

序号	名称	1	2	3	4	5	均值	标准差
问题 47	产品偏好	4	24	61	98	52	3.7113	0.9725
问题 48	产品更新	8	26	69	78	58	3.6360	1.0677
问题 49	代理增加	10	15	72	71	71	3.7448	1.0797

由表 4-11 可知，"市场波动"维度中 3 个问题的平均分值略低于"竞争强度"维度中 3 个问题的平均分值，但是上述 3 个平均分值仍在 3.6000 以上，更接近"比较同意"水平。其中，问题 49"代理增加"的平均分值最大，为 3.7448，"产品偏好"的平均分值仅次于"代理增加"，为 3.7113，相比之下，"产品更新"的平均分值最小，但是也达到了 3.6360。

从问题 47"产品偏好"的问卷调查结果来看，如图 4-18 所示，41% 的被调查者比较同意"家具代理商的产品偏好变化十分快"，并且有 21.76% 的被调查者完全同意这一观点，持肯定态度的被调查者远远大于持否定态度的被调查者。同样，为了更好地应对家具市场的波动，代理商更加热衷于寻找新的家具

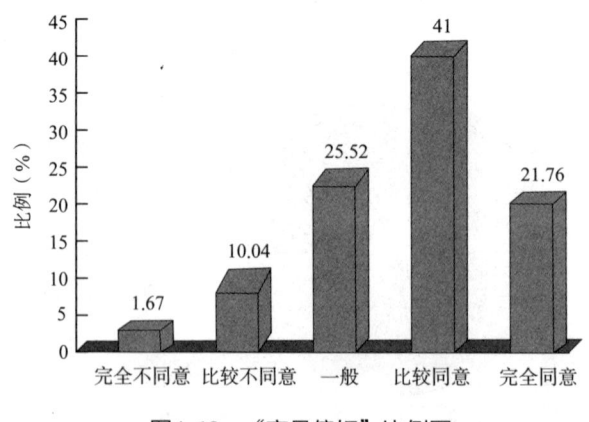

图4-18 "产品偏好"比例图

产品进行销售，而家具生产厂商也乐于增加代理商拓宽自身产品的销售水平，这符合家具市场营销的实际情况，尤其是针对家具市场供需波动较大，家具产品库存增加的情况。

4.5.5 基本信息类别

本问卷还包括若干被调查者个人及其所在单位的基本信息情况，主要包括生产厂商和代理商的规模，被调查者的实际情况等。

从被调查者所在家具生产厂商的员工规模来看，如图4-19所示，除去70人不清楚具体的员工人数以外，有48家生产厂商人数在100人以下，而员工人数在101～300人的企业有35家，在2001～3000人和3000人以上的企业分别有8家和20家。从图4-19可以看出，家具企业的人员规模仍以中小规模为主，大型家具生产企业的数量相对较小，但是从定制化家具规模的潜在发展趋势来看，中小型定制化家具企业仍旧占据重要地位，规模化家具企业将日益增加，并且整个定制化家具企业也将向规模化、专业化发展，逐步形成众多全国性的大型家具定制企业。

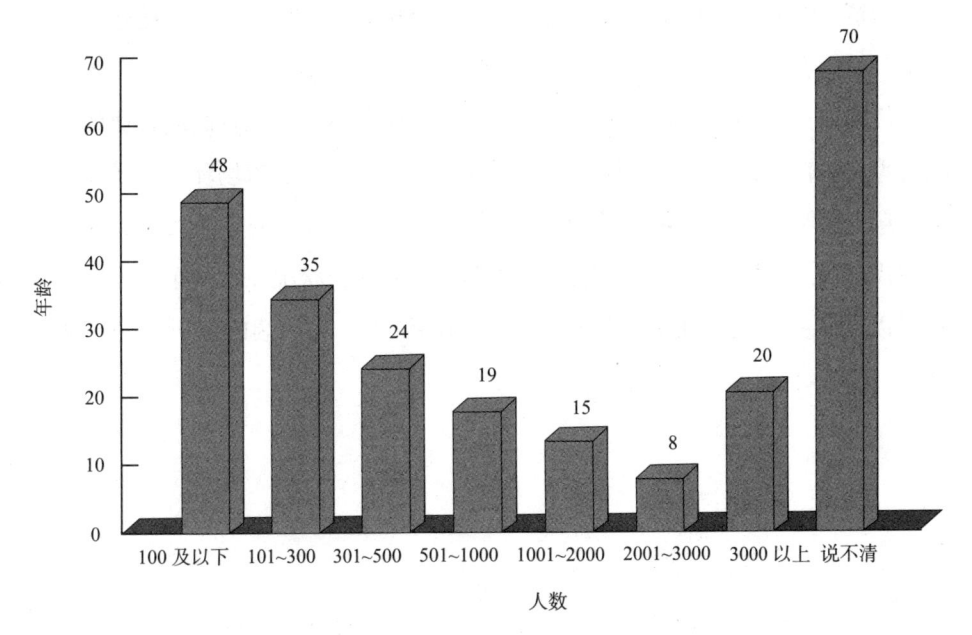

图4-19 厂家员工人数情况条形图

从被调查的家具品牌在当地的代理商数量来看，有97家代理商的仅有1

个，占总数的 40.59%，有 2 家及以上代理商的则有 142 家，占总数的 59.41%；另外，从被调查代理商所代理的厂家品牌在本地的店面数量来看，有 54 家代理商所代理的品牌在本地区只有自己一家，占总数的 22.59%，而 2 家及以上的则占总数的 77.41%。

此外，从被调查者个人的基本情况来看，239 份有效问卷中有 64 位男性，175 为女性，女性被调查者占到绝大多数；从被调查者的年龄构成情况来看，30 岁及以下有 118 人，31～40 岁有 87 人，41～50 岁有 30 人，50 岁以上有 4 人；从被调查者从事本行业的工作时间来看，3 年以下的有 100 人，3～5 年的有 64 人，6～10 年的有 49 人，11～15 年的有 21 人，16～20 年的有 4 人，而工作年限在 20 年以上的有 1 人；从被调查者在单位从事工作类型来看，有 152 人为营销工作人员，18 人为设计人员，52 人为中低层管理人员，13 人为高层管理人员，另有 24 人为其他工作人员。

4.6 本章小结

本章首先介绍了相关变量的定义；其次分析总结了变量关系并构建了概念模型；最后在前几章的基础上进一步设计并实施问卷调查，从而更为直观地获取了代理商角度下家具制造企业与代理商之间的关系以及家具制造企业的定制能力等相关信息，并从互动导向、定制能力、企业绩效、市场环境以及其他基本信息 5 个类别进行了问卷调查结果的描述性统计，从而对现阶段家具制造企业与代理商之间的关系现状、家具制造企业定制能力状况、家具企业经营绩效状况以及家具市场变化情况等有较为全面的认识，为后续的分析奠定了坚实基础。

5 互动导向下家具制造企业定制能力与绩效关系结构方程模型分析

5.1 问卷分析的基本方法

5.1.1 问卷有效性检验

（1）信度检验

信度分析是一种测度综合评价体系是否具有一定稳定性和可靠性的有效分析方法。信度分析是对量表的有效性进行研究。SPSS的信度分析主要用于对量表内的信度进行研究。它首先对各评估项目做基本描述统计，计算各项目的简单相关系数以及剔除一个项目后其余项目间的相关系数，对内在信度进行初步分析。然后，采用各种信度分析系数对内在信度或外在信度做进一步研究。信度分析主要做克朗巴哈（Cronbach）α系数的分析。

量表信度指标值的判别准则为：

$\alpha \geqslant 0.9$：极好

$0.9 > \alpha \geqslant 0.8$：非常好

$0.8 > \alpha \geqslant 0.7$：较好

$0.7 > \alpha \geqslant 0.6$：一般

$0.6 > \alpha \geqslant 0.5$：略不适宜

$0.5 > \alpha$：不宜使用

（2）效度检验

效度即测量的正确性，是指测验或其他测量工具确实能够测得其所欲测量的构念之程度。测量的效度越高，表示测量的结果越能显现其所要测量内容的真正特征。一个测验若无效度，无论其具有其他任何要件，亦无法发挥其测量功能。因此，无论选用标准测验或自行设计编制测量工具，都必须审慎评估其效度，详细说明效度的证据。在考虑测量的效度之时，必须顾及其测量目的与特殊功能，使测量结果能够符合该测量的初始目的。

测量的效度通常以测验分数与其所欲测量的特质之间的相关系数表示，与信度系数一样，其数值大小反映程度上的不同，而非全有与全无的差别，故测验的效度是相对的，而非绝对的。

KMO 检验统计量是用于比较变量间简单相关系数和偏相关系数的指标。

量表效度指标值的判别准则为：

$KMO \geq 0.9$：极适合

$0.9 > KMO \geq 0.8$：较为适合

$0.8 > KMO \geq 0.7$：适合

$0.7 > KMO \geq 0.6$：一般

$0.6 > KMO \geq 0.5$：略不适合

$0.5 > KMO$：不适合

5.1.2 主成分分析

主成分分析（也记为主成份分析）是利用数据降维的思想，在尽量少损失信息的前提下将多个变量转换为少数几个综合指标的多元统计方法，计算得到的综合指标称为主成分，每个主成分均由原始变量（标准化或非标准化）的线性组合表示。计算过程如下：

第 1 步：设原始数据为 $X = [x_{ij}] p \times q$（p 个变量，q 个样本），对 X 进行标准化处理，记为 X'。

第 2 步：计算 X' 的相关系数矩阵，记为 $R = [r_{ij}] p \times p$。

第 3 步：计算相关系数矩阵的特征值和特征向量，记为 $\lambda_1 \geq \lambda_2 \geq \cdots \geq \lambda_p > 0$ 和 α_1、$\alpha_2 \cdots \alpha_P$。

第 4 步：确定主成分个数。一般情况下，由于指标间有一定的内在相互关联，指标信息间存在冗余信息，因此，不必提取主成分全部信息，只需提取前几个主要的主成分，并保证主成分的累计信息提取量达到 80% 以上（根据实际情况可以选取 70%、75%、80%、85% 和 90% 等标准）。

第 5 步：计算主成分系数。主成分系数是将每个主成分的特征向量除以对应特征值的平方根，即 $a_i / \sqrt{\lambda_i}, i = 1, 2 \cdots k$。

第 6 步：计算综合主成分。由于任意主成分之间存在正交关系，即 2 个主成分乘积和为零，且主成分系数的平方和为1，因此，综合主成分系数的平方和也应为1，则综合主成分的系数为 $c_i \sum_{j=1}^{k} c_{ij} \lambda_j \Big/ \sum_{j=1}^{k} \lambda_j^2$。

第7步：计算综合主成分得分。将原始变量标准化值代入综合主成分方程中，计算得出综合主成分得分。

5.1.3 相关分析

相关分析主要是利用相关系数判定两个指标（或多个指标）之间是否存在内在关联，当指标为连续变量时，一般使用 Pearson 简单相关系数；当指标为离散变量时，一般使用 Spearman 等级相关系数。两种相关系数的计算方法如下：

（1）Spearman 等级相关系数

Spearman 等级相关系数应用于顺序变量线性关系的描述。当两个变量中，有任一变量为顺序变量时，必须使用下列公式求得 Spearman 相关系数 r_s，3个计算公式如下：

$$r_{s1} = 1 - \frac{6\sum d^2}{n(n^2-1)}$$

$$r_{s2} = \frac{\left[(n^2-1)/6\right] - (T_x + T_y) - \sum d}{\sqrt{\left[(n^2-n)/6 - 2T_x\sqrt{(n^2-2/6) - 2T_y}\right]}}$$

$$r_{s3} = \frac{\sum(R_x - \overline{R}X)(R_y - \overline{R}Y)}{\sqrt{\left[\sum(R_x - \overline{R}Y)^2 I \sum(R_x - \overline{R}Y)^2\right]}}$$

式中，RX（RY）为对变量值 X（或 Y）所编秩次；d 为每对变量值（X，Y）的秩次之差；n 为对字数；T_x（或 T_y）$=\Sigma(t^3-t)/12$，t 为 X（或 Y）中相同秩次的个数。

（2）Pearson 简单相关系数

Pearson 相关系数适用于两个连续变量的线性关联情形的描述。具体公式如下：

$$r = \frac{\sum X - \dfrac{\sum X \sum Y}{N}}{\sqrt{\left(\sum X^2 - \dfrac{\sum X^2}{N}\right)\left[\sum Y^2 - \dfrac{(\sum X)^2}{N}\right]}}$$

5.1.4 结构方程模型概述

5.1.4.1 结构方程模型的基本方法

结构方程模型（Structural Equation Modeling，SEM）是处理问卷数据的有效方法之一，它整合了因素分析和路径分析两种方法，同时检验了模型中的显性变量、潜在变量、误差变量之间的关系，从而获得自变量对因变量的直接效果、间接效果和总效果，因此，它常常被称作潜变量模型。

结构方程模型主要有 2 个基本模型，一个是测量模型，另一个是结构模型。其中，测量模型由观测变量和潜在变量组成，观测变量是由量表或问卷所得的数据，潜在变量则是由观测变量生成的具有某种特性的抽象变量，即观测变量可以直接通过观测或调查得到，而潜在变量则无法直接观测或调查得到，需要通过观测变量间接计算得到。结构模型是潜在变量间因果关系模型的具体说明，一般情况下，作为原因的潜在变量称为外因潜在变量或潜在自变量，用 ξ 表示，作为结果的潜在变量称为内因潜在变量或潜在因变量，用 η 表示。

测量模型以矩阵方程的形式表示为：

$$X = \Lambda_X \xi + \delta$$

$$Y = \Lambda_Y \eta + \varepsilon$$

式中，X 和 Y 是指标变量，Λ_X 和 Λ_Y 是对应指标变量的因素负荷量，ξ 和 η 分别是外衍潜在变量和内衍潜在变量，δ 和 ε 是测量误差。

结构模型以矩阵方程的形式表示为：

$$\eta = \Gamma \xi + \zeta \quad (\text{或 } \eta = B\eta + \Gamma \xi + \zeta)$$

式中，B 和 Γ 是结构方程的结构系数矩阵，ζ 是测量误差，并且 ξ 与 ζ 之间相互独立。

实际上，结构方程模型中的路径分析主要包括 3 种，一种是观测变量的路径分析（简记为 PA-OV），另一种是潜在变量的路径分析（简记为 PA-LV），此外，还有一种是既有观测变量又有潜在变量的路径分析，称为混合模型的路径分析，也称作混合路径分析。当结构方程模型中的潜在变量是 2 个时，潜在变量间的影响效果为直接效果；当结构方程模型中的潜在变量超过 2 个，并且存在较为复杂的影响关系时，则潜在变量之间可能存在间接效果，直接效果和间接效果之和为潜在变量间关系的总效果。

5.1.4.2 结构方程模型的检验统计指数

（1）绝对适配度指数

绝对适配度指数主要包括卡方值及其伴随概率 P、渐进残差均方和平方根（$RMSEA$），其中：

卡方值（ξ^2）越小，表示模型整体的因果路径图与实际资料越适配，当卡方值等于 0 时，表示假设模型与观测数据完全适配。因此，从卡方值的伴随概率 P 来看，当 $P<0.05$ 时，表示模型整体的因果路径图与实际资料适配的可能性较小；反之，当 $P>0.05$ 时，表示模型整体的因果路径图与实际资料适配的可能性较大。

渐进残差均方和平方根（$RMSEA$）是一种不需要基准线模型的绝对性指标，其值越小越好。一般而言，$RMSEA$ 在 0.10 以上时模型的适配度欠佳；其值在 $0.05\sim0.08$ 时，模型适配度良好，即有合适适配度；其值小于 0.05 时，模型适配度非常好。

（2）增值适配度指数

增值适配度指数是通过将待检验的假设理论与基准线模型的适配度相比较，以判定模型的契合度，主要包括规准适配指数（NFI）、相对适配指数（RFI）、增值适配指数（IFI）、非规准适配指数（TLI）、比较适配指数（CFI）。

NFI 值、RFI 值、IFI 值、TLI 值、CFI 值大多情况下介于 0 至 1 之间，并且指数值越接近 1，表示模型适配度越好，反之则越差；少数情况下，TLI 值、CFI 值和 IFI 值可能大于 1，并且这 5 个增值适配指数标准为 0.90，即指数值大于 0.90 时，表明模型路径图与实际数据适配度较好。

(3) 简约适配度指数

简约适配度指数主要包括简约调整后的规准适配指数（PNFI）、简约比较适配指数（PCFI）、临近样本数（CN）、卡方自由度比、Akaike 讯息标准（AIC），其中：

简约调整后的规准适配指数（PNFI）和简约比较适配指数（PCFI）的值越大越好，一般取0.50作为模型适配度标准，即指数值在0.50以上时，模型的适配度较好，假设理论模型是可以接受的。

临近样本数（CN）的作用是估计需要多少个样本才能有效估计模型的参数，从而达到模型的适配度，一般的判别标准为 CN 值 ≥ 200。

卡方自由度比越小，表示假设模型的协方差矩阵与观测数据越适配；反之，卡方自由度比越大，表示模型的适配度越差。一般情况下，卡方自由度比 <2 时，假设模型的适配度较好。

Akaike 讯息标准（AIC）是把待估参数个数考虑进评估模型适配程度的概念中，用来比较两个具有不同潜在变量数量模型的精简程度。一般情况下，AIC 要求同时小于饱和模型值和独立模型值。

5.2 效度与信度检验结果

5.2.1 信度检验结果

根据信度检验的计算方法，运用SPSS对问卷中各维度指标进行信度检验，剔除若干次要变量后得到最终检验结果，如表5-1~表5-5所示。

表5-1 互动导向类别各维度的信度检验结果

维度	编号	指标	项已删除的 Cronbach's Alpha 值	Cronbach's Alpha	基于标准化项的 Cronbach's Alpha
顾客观念	1	款式提供	.657	.652	.667
	2	换位思考	.582		
	3	营销反应	.560		
	4	交易记录	.610		
	5	销售任务	.593		

续表

维度	编号	指标	项已删除的 Cronbach's Alpha 值	Cronbach's Alpha	基于标准化项的 Cronbach's Alpha
互动授权	7	意见反馈	.507	.568	.567
	8	交换看法	.390		
	9	参与设计	.493		
	50	经营绩效奖惩	.575		
价值管理	6	区别交往	.543	.509	.516
	10	判断利润贡献	.389		
	11	预测未来贡献	.430		
	12	区分营销收益	.374		

从表 5-1 来看，互动导向类别 3 个维度的内部一致性 α 系数值分别为 0.652、0.568 和 0.509，基于标准化项的内部一致性 α 系数值分别为 0.667、0.567 和 0.516。从整体上看，3 个维度指标的内部一致性略低，根据内部一致性 α 系数值的判别标准，"顾客观念"维度的内在一致性属于"一般"，"互动授权"和"价值"管理维度的内在一致性属于"略不适宜"，但是上述 3 个维度内在一致性的判别结果仍是可以接受的。另外，从项已删除的内部一致性 α 系数值来看，删除维度内部的任意一个指标均不能显著提升整个维度的内部一致性 α 系数值，因此，这些维度内部的指标构成也是较为合理的。

从表 5-2 来看，定制能力类别 3 个维度的内部一致性 α 系数值分别为 0.710、0.845 和 0.835，基于标准化项的内部一致性 α 系数值分别为 0.716、0.845 和 0.835。从整体上看，3 个维度指标的内部一致性较高，根据内部一致性 α 系数值的判别标准，"模块设计"维度的内在一致性属于"较好"，"敏捷开发"和"流程重组"维度的内在一致性属于"非常好"。另外，从项已删除的内部一致性 α 系数值来看，删除维度内部的任意一个指标均不能显著提升整个维度的内部一致性 α 系数值，因此，这些维度内部的指标构成同样处于较为合理状态。

表5-2 定制能力类别各维度的信度检验结果

维度	编号	指标	项已删除的 Cronbach's Alpha 值	Cronbach's Alpha	基于标准化项的 Cronbach's Alpha
模块设计	13	通用部件使用	.660	.710	.716
	14	标准部件组合	.674		
	15	满足个性需求	.653		
	16	组件重复使用	.702		
	17	附加功能增减	.667		
	18	工艺设备应用	.668		
敏捷开发	19	产品更新	.829	.845	.845
	20	软件应用	.825		
	21	部门协调	.798		
	22	技术获取	.797		
	23	及时配送	.815		
流程重组	24	生产流程调整	.804	.835	.835
	25	作业优化	.803		
	26	应对突发事件	.795		
	27	解决售后问题	.804		
	28	非标准化定制	.812		
	29	定制信息沟通	.831		

从表 5-3 来看，市场环境类别 2 个维度的内部一致性 α 系数值分别为 0.776 和 0.693，基于标准化项的内部一致性 α 系数值分别为 0.776 和 0.694。从整体上看，2 个维度指标的内部一致性一般，根据内部一致性 α 系数值的判别标准，"竞争强度"维度的内在一致性属于"较好"，"市场波动"维度的内在一致性属于"一般"，但是接近"较好"水平。另外，从项已删除的内部一致性 α 系数值来看，删除维度内部的任意一个指标均不能显著提升整个维度的内部一致性 α 系数值，因此，这些维度内部的指标构成同样处于较为合理状态。

表5-3 市场环境类别各维度的信度检验结果

维度	编号	指标	项已删除的 Cronbach's Alpha 值	Cronbach's Alpha	基于标准化项的 Cronbach's Alpha
竞争强度	44	行业竞争	.758	.776	.776
竞争强度	45	复制模仿	.674		
竞争强度	46	价格促销	.655		
市场波动	47	产品偏好	.611	.693	.694
市场波动	48	产品更新	.591		
市场波动	49	代理增加	.598		

从表5-4来看，企业绩效类别2个维度的内部一致性 α 系数值分别为0.865和0.761，基于标准化项的内部一致性 α 系数值分别为0.867和0.760。从整体上看，2个维度指标的内部一致性一般，根据内部一致性 α 系数值的判别标准，"关系绩效"维度的内在一致性属于"非常好"，"盈利绩效"维度的内在一致性属于"较好"。另外，从项已删除的内部一致性 α 系数值来看，删除维度内部的任意一个指标均不能显著提升整个维度的内部一致性 α 系数值，因此，这些维度内部的指标构成同样处于较为合理状态。

表5-4 企业绩效类别各维度的信度检验结果

维度	编号	指标	项已删除的 Cronbach's Alpha 值	Cronbach's Alpha	基于标准化项的 Cronbach's Alpha
关系绩效[①]	30	信任厂家	.851	.865	.867
关系绩效[①]	31	双方销售信心	.850		
关系绩效[①]	32	厂家信誉吸引	.839		
关系绩效[①]	33	目标一致	.831		
关系绩效[①]	34	价值认同	.833		
关系绩效[①]	35	关联收益	.858		
关系绩效[①]	38	品牌替换倾向	.861		

续表

维度	编号	指标	项已删除的 Cronbach's Alpha 值	Cronbach's Alpha	基于标准化项的 Cronbach's Alpha
盈利绩效	40	获取潜在顾客	.743	.761	.760
	41	复购与推荐	.688		
	42	顾客增长	.725		
	43	知名度提升	.705		
	51	销售额增长	.758		
	52	经营绩效增长	.727		

① 根据信度检验中的项已删除的 Cronbach's Alpha 值剔除 3 个指标，即问题 36、37 和 39。

上述 4 个类别和量表整体的信度检验结果如表 5-5 所示。

表5-5 各类别信度检验结果

类别	维度项数	指标项数	Cronbach's Alpha	基于标准化项的 Cronbach's Alpha
互动导向	3	13	.760	.765
定制能力	3	17	.911	.913
市场环境	2	6	.789	.789
企业绩效	2	13	.887	.886
全部	10	49	.943	.944

从表5-5可以看出，量表整体信度检验的内部一致性 α 系数值为0.943，基于标准化项的内部一致性 α 系数值为0.944，属于"极好"水平；从量表整体4个构成类别的信度检验结果来看，内部一致性 α 系数值分别为0.760、0.911、0.789和0.887，并且基于标准化项的内部一致性 α 系数值也较好，因此，这些类别的信度检验结果均属于较好水平。

综上所述，问卷量表的信度检验结果整体上处于较好水平，可以进行后续的检验与分析。

5.2.2 效度检验结果

根据效度检验的计算方法，运用 SPSS 对问卷中各类别和各维度进行效度分析，计算结果如表 5-6 和表 5-7 所示。

从表 5-6 中各维度的 KMO 值来看，KMO 统计量的取值范围为 0.639～0.868，整体上通过 KMO 检验，其中 KMO 值最小的为"价值管理"维度，得分为 0.639>0.60，属于一般水平；得分最高的为"关系绩效"维度，得分为 0.868>0.80，属于较为适合水平。此外，从上述维度的 Bartlett 球形度检验结果来看，所有维度的近似卡方值均为 63.664 以上，并且近似卡方值的伴随概率均为 0.000<0.01，拒绝原假设，这表明各维度内部各变量间存在稳定的相关性。

表5-6 各维度的 KMO 值和 Bartlett 球形度检验

类别	维度	指标项数	KMO 值	Bartlett 球形度检验		
				近似卡方	df	Sig.
互动导向	顾客观念	5	.743	157.537	10	.000
	互动授权	4	.642	85.455	6	.000
	价值管理	4	.639	63.664	6	.000
定制能力	模块设计	6	.708	286.596	15	.000
	敏捷开发	5	.821	473.013	10	.000
	流程重组	6	.844	487.379	15	.000
市场环境	竞争强度	3	.688	197.777	3	.000
	市场波动	3	.671	119.138	3	.000
企业绩效	关系绩效	7	.868	718.127	21	.000
	盈利绩效	6	.754	357.095	15	.000

此外，从问卷量表整体的 KMO 检验和 Bartlett 的球形度检验结果来看，

KMO 值为 0.886，属于较为适合水平，而 Bartlett 的球形度检验的近似卡方值为 5692.235，其伴随的 P 值为 0.000<0.01，这表明问卷整体内部各变量间存在稳定的相关性。同理，对问卷内部各类别进行 KMO 检验和 Bartlett 球形度检验，检验结果同样较好。

表5-7 各类别的KMO值和Bartlett球形度检验

类别	维度项数	指标项数	KMO值	Bartlett 球形度检验		
				近似卡方	df	Sig.
互动导向	3	13	.813	500.676	78	.000
定制能力	3	17	.918	1767.636	136	.000
市场环境	2	6	.783	405.819	15	.000
企业绩效	2	13	.875	1320.840	78	.000
全部	10	49	.886	5692.235	1176	.000

综上所示，KMO 检验和 Bartlett 球形度检验均表明问卷整体、各类别、各维度内样本量与变量数比例关系的适宜，同时内部变量之间存在稳定的相关性，即能抽取得到足够的共享信息，可以进行后续分析。

5.3 主成分分析与相关分析结果

5.3.1 主成分分析

在进行主成分分析前，首先对各维度及指标进行命名，令"顾客观念"维度为 X_{11}，其中款式提供、换位思考、营销反应、交易记录、销售任务分别为指标 $X_{111} \sim X_{115}$；"互动授权"维度为 X_{12}，其中意见反馈、交换看法、参与设计、经营绩效奖惩分别为指标 $X_{121} \sim X_{124}$；"价值管理"维度为 X_{13}，其中区别交往、判断利润贡献、预测未来贡献、区分营销收益分别为指标 $X_{131} \sim X_{134}$；"模块设计"维度为 X_{21}，其中通用部件使用、标准部件组合、满足个性需求、组件重复使用、附加功能增减、工艺设备应用分别为指标

$X_{211} \sim X_{216}$；"敏捷开发"维度为X_{22}，其中产品更新、软件应用、部门协调、技术获取、及时配送分别为指标$X_{221} \sim X_{225}$；"流程重组"维度为X_{23}，其中生产流程调整、作业优化、应对突发事件、解决售后问题、非标准化定制、定制信息沟通分别为指标$X_{231} \sim X_{236}$；"竞争强度"维度为X_{31}，其中行业竞争、复制模仿、价格促销分别为指标$X_{311} \sim X_{313}$；"市场波动"维度为X_{32}，其中产品偏好、产品更新、代理增加分别为指标$X_{321} \sim X_{323}$；"关系绩效"维度为Y_1，其中信任厂家、双方销售信心、厂家信誉吸引、目标一致、价值认同、关联收益、品牌替换倾向分别为指标$Y_{11} \sim Y_{17}$；"盈利绩效"维度为Y_2，其中获取潜在顾客、复购与推荐、顾客增长、知名度提升、销售额增长、经营绩效增长分别为指标$Y_{21} \sim Y_{26}$。

由于问卷每个维度均由多个指标构成，而多个变量的存在往往难以展开要素之间的分析，需要对多个指标进行融合，形成一个或少数几个综合指标，从而简化分析过程。其中，对多个指标进行降维的有效方法就是主成分分析。

在进行主成分分析前首先需要对各指标间的相关性进行检验，由于问卷变量为离散型变量，因此，需要采用Spearman等级相关系数进行计算，计算结果见附表1~3。

由附表可以发现，Spearman等级相关系数矩阵中各问卷变量间的等级相关系数绝大部分在0.01和0.05置信水平上存在显著关系，当维度间问题等级相关系数为显著相关时，表明维度间相关性较强，从而有利于进一步分析维度间的具体关系；当维度内部问题间的等级相关系数为显著相关时，这表明维度内部变量间存在较强的重复性（连续变量表现为共线性问题），从而存在较多的重复信息，不利于后续分析。因此，可以采用主成分分析方法通过对多个变量提取成分与成分合并，从而将多个变量融为一个综合主成分，并以综合主成分得分代表这些变量。

首先，对顾客观念维度进行主成分分析，计算结果如下所示：

从表5-8来看，"顾客观念"维度主成分提取的个数为4时，信息解释的总方差累计达到89.256%>80%，因此，提取4个主成分较为合适。此时，"顾客观念"维度中各指标的公因子方差提取情况如表5-9所示。

表5-8 "顾客观念"维度解释的总方差

成份	初始特征值			提取平方和载入		
	合计	方差的 %	累积 %	合计	方差的 %	累积 %
1	2.164	43.275	43.275	2.164	43.275	43.275
2	.874	17.481	60.756	.874	17.481	60.756
3	.771	15.427	76.183	.771	15.427	76.183
4	.654	13.074	89.256	.654	13.074	89.256
5	.537	10.744	100.000	—	—	—

表5-9 "顾客观念"维度公因子方差

维度	初始	提取
款式提供	1.000	.997
换位思考	1.000	.906
营销反应	1.000	.660
交易记录	1.000	.995
销售任务	1.000	.905

从表5-9中可以看出，"顾客观念"维度中5个指标的公因式方差提取量整体较高，其中仅营销反应指标的公因子方差提取量较低，为66.0%，而其余4个指标的公因子方差提取量为90%以上，其中款式提供指标的公因子方差提取量最大，为99.7%，这表明"顾客观念"维度内部的信息提取量能够满足后续分析需要。此时，主成分分析得到的成分矩阵及其系数矩阵如表5-10所示。

表5-10 "顾客观念"维度成分矩阵和系数矩阵

维度	成分				系数			
	1	2	3	4	1	2	3	4
款式提供	.526	.704	.435	−.190	.358	.753	.495	−.234
换位思考	.705	−.234	−.206	−.559	.479	−.250	−.235	−.691
营销反应	.755	−.301	.002	−.009	.513	−.322	.002	−.011
交易记录	.606	.374	−.604	.350	.412	.401	−.688	.433
销售任务	.674	−.305	.418	.428	.458	−.327	.475	.529

此时,"顾客观念"维度4个主成分所对应的标准化变量线性方程分别为:

$$f_{111}^{(x)} = 0.358x_{111}^* + 0.479x_{112}^* + 0.513x_{113}^* + 0.412x_{114}^* + 0.458x_{115}^*$$

$$f_{112}^{(x)} = 0.753x_{111}^* - 0.250x_{112}^* - 0.322x_{113}^* + 0.401x_{114}^* - 0.327x_{115}^*$$

$$f_{113}^{(x)} = 0.495x_{111}^* - 0.235x_{112}^* + 0.002x_{113}^* - 0.688x_{114}^* + 0.475x_{115}^*$$

$$f_{114}^{(x)} = -0.234x_{111}^* - 0.691x_{112}^* - 0.011x_{113}^* + 0.433x_{114}^* + 0.529x_{115}^*$$

其中,第一个主成分主要代表营销反应,而其他4个指标的系数也较高,因此,第一个主成分同样对其他4个指标有较强的代表性;第二个主成分主要代表款式提供,其他4个指标的系数相对较小;第三个主成分主要代表交易记录;第四个主成分主要代表换位思考与销售任务2个指标。

根据主成分系数组合公式 $c_i = \sum_{j=1} c_{ij}\lambda_j \Big/ \sqrt{\sum_{j=1}^{k}\lambda_j^2}$,将上述4个主成分组合为一个综合主成分,即:

$$f_{11}^{(x)} = 0.653x_{111}^* + 0.073x_{112}^* + 0.324x_{113}^* + 0.391x_{114}^* + 0.558x_{115}^* \quad (4,89.26\%)❶$$

从"顾客观念"维度的综合主成分公式中的系数可以看出,"顾客观念"维度主要由款式提供(0.653)和销售任务(0.558)2个指标代表,其次是交易记录(0.391)和营销反应(0.324)2个指标,而换位思考(0.073)在"顾客观念"维度中的重要性最小。因此,企业的顾客观念应该重点关注家具款式提供和产品营销任务的制定方面。

同理,可以利用主成分分析方法得到其他维度的综合主成分,如下所示:

$$f_{12}^{(x)} = 0.338x_{121}^* + 0.560x_{122}^* + 0.080x_{123}^* + 0.752x_{124}^* \quad (3,84.48\%)$$

$$f_{13}^{(x)} = 0.759x_{131}^* + 0.195x_{132}^* + 0.542x_{133}^* + 0.304x_{134}^* \quad (3,83.55\%)$$

$$f_{21}^{(x)} = 0.163x_{211}^* + 0.206x_{212}^* + 0.398x_{213}^* + 0.692x_{214}^* + 0.490x_{215}^* + 0.232x_{216}^*$$
$$(4,84.36\%)$$

---

❶ 注:括号内为成分提取个数和累计信息提取量,下同。

$$f_{22}^{(x)} = 0.609x_{221}^* + 0.450x_{222}^* + 0.351x_{223}^* + 0.336x_{224}^* + 0.434x_{225}^*$$

（3，85.28%）

$$f_{23}^{(x)} = 0.434x_{231}^* + 0.249x_{232}^* + 0.262x_{233}^* + 0.470x_{234}^* + 0.399x_{235}^* + 0.549x_{236}^*$$

（4，86.86%）

$$f_{31}^{(x)} = 0.740x_{311}^* + 0.458x_{312}^* + 0.492x_{313}^* \qquad （2，87.09%）$$

$$f_{32}^{(x)} = 0.787x_{321}^* + 0.475x_{322}^* + 0.395x_{323}^* \qquad （2，81.37%）$$

$$f_{1}^{(y)} = 0.538y_{11}^* + 0.452y_{12}^* + 0.349y_{13}^* + 0.327y_{14}^* + 0.266y_{15}^* + 0.233y_{16}^* + 0.393y_{17}^*$$

（4，85.29%）

$$f_{2}^{(y)} = 0.600y_{21}^* + 0.347y_{22}^* + 0.204y_{23}^* + 0.148y_{24}^* + 0.418y_{25}^* + 0.531y_{26}^*$$

（4，85.69%）

从"互动授权"维度的综合主成分 [$f_{12}^{(x)}$] 来看，经营绩效奖惩在综合主成分中的作用最大，系数值为 0.752，其次是交换看法（0.560），而意见反馈（0.338）和参与设计（0.080）的作用相对较小。因此，为了更好地提升家具制造企业与经销商之间的互动授权，有必要建立和巩固合理的奖惩机制，从而不断深化制造企业与经销商之间的合作关系。

从"价值管理"维度的综合主成分 [$f_{13}^{(x)}$] 来看，区别交往在综合主成分中的作用最大，系数值为 0.759，其次是预测未来贡献（0.542），而判断利润贡献（0.195）和区分营销收益（0.304）的作用相对较小。企业在进行顾企互动时，需要收集、处理和理解每位顾客的信息。大量繁杂的信息会使企业无从下手，其难以甄别出哪些是具有市场潜力、有价值的资源信息，不利于创新性意见的产生、筛选和实施。因此，家具制造企业在进行顾客价值管理时首先要根据营销企业的自身特征与营销表现进行类别划分，并针对不同类别的营销企业进行区别交往，作为分配企业资源的依据，获取更多的潜在价值。

从"模块设计"维度的综合主成分 $[f_{21}^{(x)}]$ 来看,组件重复使用在综合主成分中的作用最大,系数值为 0.692,其次是满足个性需求(0.398)和附加功能增减(0.490),而部件使用(0.163)、标准部件组合(0.206)和工艺设备应用(0.232)的作用相对较小。

从"敏捷开发"维度的综合主成分 $[f_{22}^{(x)}]$,来看,产品更新在综合主成分中的作用最大,系数值为 0.609,即从经销商角度判断,产品更新速度是生产企业敏捷开发的重要表现,直接关系到经销商的收益和售卖效果。相比之下,软件应用(0.450)、部门协调(0.351)、技术获取(0.336)、及时配送(0.434)也有较强的作用。

从"流程重组"维度的综合主成分 $[f_{23}^{(x)}]$ 来看,定制信息沟通在综合主成分中的作用最大,系数值为 0.549,其次是解决售后问题(0.470)、生产流程调整(0.434)和非标准化定制(0.399),相比之下,作业优化(0.249)和应对突发事件(0.262)的作用相对较小。因此,在家具定制化过程中一定要注重生产企业与营销企业之间的定制信息沟通。在信息网络化时代,通过改进沟通工具等手段,在提升定制化水平的同时尽量避免因沟通不足而出现的产品定制信息失真、产品生产监控不畅、制造商与经销商互相推诿,损害终端消费者顾客预期等问题。

从"竞争强度"维度的综合主成分 $[f_{31}^{(x)}]$ 来看,行业竞争在综合主成分中的作用最大,系数值为 0.740,而复制模仿(0.458)和价格促销(0.492)的作用也相对较大。从"市场波动"维度的综合主成分($f_{32}^{(x)}$)来看,产品偏好在综合主成分中的作用最大,系数值为 0.787,而产品更新(0.475)和代理增加(0.395)的作用相对较小。尽管行业竞争和市场波动等内容是家具行业内部客观存在的,并且无论是生产企业还是经销商都无法左右家具企业竞争与市场波动,但是,企业在进行生产与营销活动过程中要密切注意家具市场变化,及时了解竞争者的运行调整,从而在一定程度上避免市场波动产生的不利影响,甚至能够利用竞争中存在的漏洞提升自身发展空间,将市场威胁转变成企业机会。

从"关系绩效"维度的综合主成分 $[f_1^{(y)}]$ 来看,信任厂家是综合主成分中最重要的指标,系数值为(0.538),而其他指标的作用也相对较大,即"关系绩效"维度是受多个指标共同影响的,并且每个指标的作用各具特色。

从"盈利绩效"维度的综合主成分[$f_2^{(y)}$]来看,获取潜在顾客(0.600)和经营绩效增长(0.531)是综合主成分中的重要影响指标,其次是复购与推荐(0.347)和销售额增长(0.418),而顾客增长(0.204)和知名度提升(0.148)的作用相对较小。显然,这样的结果较为符合现实情况,家具企业盈利绩效的直接来源就是获取更多的潜在顾客,从而提升企业经营绩效。在品牌繁杂的家具市场中,中小企业居多,中小企业谈不上品牌。品牌的知名度对提升中小企业盈利绩效的作用相对较小。

此外,将各个综合主成分中的标准化变量值代入公式即可得到各个维度的综合得分值,记为$F11 \sim F32, F1, F2$。

5.3.2 相关分析结果

在进行后续分析之前,首先要对各个维度综合主成分得分之间的相关性进行分析与检验,一方面,只有维度之间存在相关性才有后续分析的价值;另一方面,相关性的高低往往预示了研究的重点所在。此时,利用各个维度综合主成分得分计算得到的Pearson简单相关系数矩阵如表5-11所示。

表5-11 各个维度综合主成分得分的Pearson简单相关系数矩阵

指标	$F11$	$F12$	$F13$	$F21$	$F22$	$F23$	$F31$	$F32$	$F1$	$F2$
$F11$	1	.326**	.329**	.412**	.397**	.376**	.305**	.197**	.309**	.309**
$F12$		1	.336**	.309**	.344**	.286**	.262**	.310**	.267**	.366**
$F13$			1	.465**	.367**	.368**	.321**	.288**	.248**	.305**
$F21$				1	.591**	.606**	.476**	.370**	.513**	.515**
$F22$					1	.774**	.481**	.398**	.630**	.603**
$F23$						1	.385**	.370**	.622**	.572**
$F31$							1	.456**	.544**	.378**
$F32$								1	.408**	.372**
$F1$									1	.659**
$F2$										1

** 在.01水平(双侧)上显著相关。

从表 5-11 中可以看出，各个维度之间的相关系数整体处于较为显著的水平，尽管部分相关系数仅在 0.20~0.40，但是却在 0.01 置信水平上存在显著相关关系，这在一定程度上有利于降低后续分析中的回归模型的多重共线性问题。

此外，互动导向 3 个维度之间的相关系数值区间为 [0.326, 0.336]，定制能力 3 个维度之间的相关系数值区间为 [0.591, 0.774]，市场环境 2 个维度之间的相关系数值为 0.456，企业绩效 2 个维度之间的相关系数值为 0.659，即定制能力和企业绩效 2 个类别内部的维度之间的相关性较强。而互动导向与外部环境内部的相关性较弱；互动导向与企业绩效之间的相关系数值区间范围为 [0.248, 0.366]，定制能力与企业绩效之间的相关系数值区间范围为 [0.513, 0.630]，市场环境与企业绩效之间的相关系数值区间范围为 [0.372, 0.544]，即企业绩效可能与定制能力存在最为密切的关系，市场环境的作用也较强，互动导向的作用相对较小。

为了更好地分析各个维度、类别之间的相互关系，尤其是各个因素对企业绩效的影响效果，还需要运用其他方法进一步分析与检验。

5.4　互动导向下家具企业定制化及企业绩效关系模型

在上述问卷调查结果、信度效度检验、主成分分析和相关分析及概念假设的基础上，这里进一步运用结构方程模型进行各个维度、类别之间的内在关系分析，以期准确获取互动导向、定制能力、市场环境、企业绩效以及内部维度之间的潜在关系，从而更好地为提升家具企业绩效寻找新出路。

5.4.1　互动导向对定制能力的影响分析

首先，这里对互动导向与定制能力的二元路径关系进行分析，其中互动导向包括顾客观念（F11）、互动授权（F12）和价值管理（F13）3 个显变量，定制能力包括模块设计（F21）、敏捷开发（F22）和流程重组（F23）3 个显变量，并且这些显变量均采用主成分得分值表示，此时互动导向与定制能力之间的影响关系如图 5-1 所示。

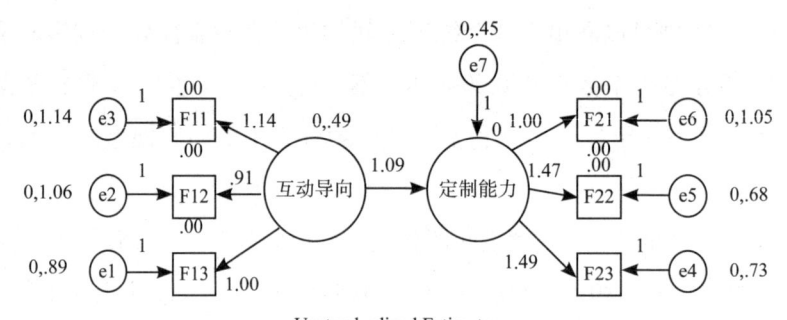

卡方值 =7.303（P=.398）；自由度 =7；$RMSEA$=.013；NFI=0.986
卡方自由度比 =1.043

图5-1　互动导向对定制能力的影响关系

在图 5-1 的基础上，运用 AMOS 和 SPSS 建立互动导向对定制能力影响的初始路径图，如图 5-2 所示。从初始模型整体适配度检验结果来看，模型的自由度 =8，卡方值 =22.842，显著性概率 =0.004<0.05，拒绝虚无假设，这表明理论模型和实际观测数据无法适配（假设模型方差协方差 Σ 矩阵 ≠ 样本数据方差协方差 S 矩阵）。

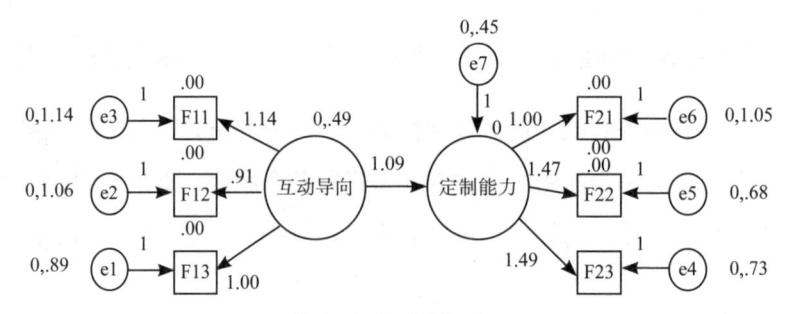

卡方值 =22.842（P=.004）；自由度 =8；$RMSEA$=.088；NFI=.956
卡方自由度比 =2.855

图5-2　互动导向对定制能力影响的初始路径图

此外，从其他模型绝对适配度指数来看，$RMSEA$=0.088>0.08，未达到适配度标准。从初始模型整体的增值适配度指数来看，NFI=0.956>0.9，达到适配度指标；RFI=0.917>0.9，达到适配度指标；IFI=0.971>0.9，达到适配度指标；TLI=0.944>0.9，达到适配度指标；CFI=0.970>0.9，达到适配度指标，因此，初始模型整体的增值适配度指数均达到适配度标准。从初始模型整体的简约适配度指数来看，$PNFI$=0.510>0.5，达到适配度指标；$PCFI$=0.518>0.5，达到适配度指标；CN=162<200，未达到适配度标准；卡方自由度比 =2.855>2.00，未达到适配度标准；AIC=60.842，大于饱和模型值 54.000，小于独立模型值 540.116，未达到适配度标准。

从初始模型整体适配度效果来看，还有较多适配度指数仍未达到适配标准或临界值，因此，互动导向对定制能力影响的初始模型整体上存在较大缺陷，即整体上初始的理论假设模型与实际数据间无法契合，需要对模型进行适当修正。

根据 AMOS 初始模型输出结果报表中的修正指数（Modification Indices）判别哪些部分需要修正，当修正指数值大于4（系统默认值）时，需要修正的内容出现。结果发现，"敏捷开发 F22"和"流程重组 F23"的残差"e5"和"e4"之间存在较为显著的协方差，修正后的路径图如图 5-3 和图 5-4 所示。

图 5-3 和图 5-4 分别为互动导向对定制能力影响的非标准化与标准化修正路径图，其中，非标准化模型 e4 与 e5 之间的协方差值为 0.717，标准化模型为 0.517，并且协方差值的 $C.R.$ 值的伴随概率在 0.001 置信水平上显著，即 e4 和 e5 之间存在共变关系。

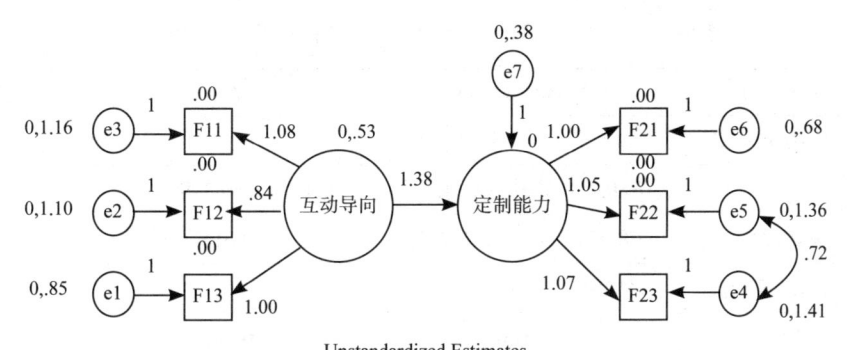

图5-3 互动导向对定制能力影响的非标准化修正路径图

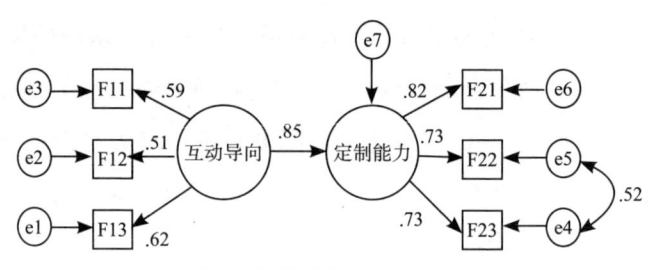

◎ 基于互动导向的家具制造企业定制能力及企业绩效关系研究

```
                        e7
                         ↓
 e3 → F11  .59      .82  F21 ← e6
          ↖         ↗
 e2 → F12 .51 互动导向 .85→ 定制能力 .73 → F22 ← e5
          ↗         ↘              .52
 e1 → F13  .62      .73  F23 ← e4
```

Unstandardized Estimates
卡方值=7.303（P=.398）；自由度=7；RMSEA=.013；NFI=.986
卡方自由度比=1.043

图5-4　互动导向对定制能力影响的标准化修正路径图

显然，从修正模型整体适配度检验结果来看，模型的自由度=7，卡方值=7.303，显著性概率=0.398>0.05，接受虚无假设，这表明理论模型和实际观测数据相适配（假设模型方差协方差∑矩阵≠样本数据方差协方差S矩阵）。此外，互动导向对定制能力影响结构方程模型的其他适配度检验结果如表5-12所示。

从表5-12来看，互动导向对定制能力模型的绝对适配度指数和增值适配度指数均达到适配标准，而简约适配度指数中PNFI和PCFI则分别为0.460和0.466，略小于临界值0.50，未达到模型适配标准。从模型整体适配度检验结果来看，模型拟合效果相对较好。

表5-12　互动导向对定制能力模型的整体适配度检验汇总

统计检验量	适配标准或临界值	模型结果	适配判断
绝对适配度指数			
卡方值	$P>0.05$（未达显著水平）	7.303（$P=0.398>0.05$）	是
RMSEA	<0.05 优良　<0.08 良好	0.013	是
增值适配度指数			
NFI	>0.90	0.986	是
RFI	>0.90	0.970	是
IFI	>0.90	0.999	是
TLI	>0.90	0.999	是

续表

统计检验量	适配标准或临界值	模型结果	适配判断
CFI	>0.90	0.999	是
简约适配度指数			
PNFI	>0.50	0.460	否
PCFI	>0.50	0.466	否
CN	>200	459	是
卡方自由度比	<2.00	1.043	是
AIC	同时小于饱和模型值和独立模型值	47.303<54.000 47.303<540.116	是

此外,从模型内部的回归系数来看,如表 5-13 所示,互动导向对定制能力的回归系数 C.R. 值的伴随概率在 0.001 置信水平上显著,互动导向、定制能力对各自的显变量回归系数的 C.R. 统计值的伴随概率同样在 0.001 置信水平上显著,因此,互动导向对定制能力的修正后的结构方程模型整体上通过检验,可以对模型的路径系数进行实际意义分析。

表5-13　互动导向对定制能力模型的回归结果

指标	Unstandardized Estimates	Standardized Estimates	S.E.	C.R.	P
定制能力←互动导向	1.385	.853	.209	6.620	***
F13←互动导向	1.000	.620	—	—	—
F11←互动导向	1.078	.589	.165	6.532	***
F12←互动导向	.841	.505	.143	5.871	***
F21←定制能力	1.000	.821	—	—	—
F22←定制能力	1.051	.729	.117	9.008	***
F23←定制能力	1.073	.730	.119	9.021	***

从模型系数的因果效应来看,互动导向对定制能力的非标准化直接效应(Direct Effect)为 1.385,即"互动导向"潜变量每提升 1 个单位,将平均

促进"定制能力"潜变量提升 1.385 个单位（标准化直接效应为 0.853），由于二元模型不存在间接效应（Indirect Effect），因此，直接效应即为总效应（Total Effects）。与此同时，"互动导向"潜变量对"顾客观念""互动授权"和"价值管理" 3 个显变量的直接效应分别为 1.078、0.841 和 1.000（以价值管理为标准），而"定制能力"潜变量对"模块设计""敏捷开发"和"流程重组" 3 个显变量的直接效应分别为 1.000、1.051 和 1.073（以模块设计为标准）。由此可以发现，"顾客观念"和"价值管理"在互动导向中的作用相对较大，"互动授权"的作用相对较小；"定制能力"类别下 3 个维度的作用大小顺序依次为：流程重组、敏捷开发、模块设计，但是，这 3 个显变量的作用效果相差不大。

这里的"顾客观念"涉及的是区别不同组织顾客的市场需求，"顾客价值"涉及的是由于产品定制深度的不同，产品的定制成本也不同，由此带来产品的销售价格存在差异，因此定制产品的价格要为顾客所接受，即顾客的购买实力。"互动授权"更多反映的是双方的互动倾向和主动性，涉及的是相互的信任关系的问题。就中国家具定制化水平而言，制造商考虑的是进行多大的改良和变型以获得最大的经济价值。所以，厂家不可能将有限的生产资源和营销资源均分，只能是占领自己有优势的细分市场来获利。

家具企业分配资源的依据：首先，关注市场热卖的产品，产生最大的直接经济效益。成熟期的产品一般收益较低，但是成长稳定，在市场上拥有较高的认知度，可以保证经销商的永续稳健经营。这样的产品通常是知名度较高的品牌，因此，有利于建设和维护一个覆盖率比较高的市场网络。

其次，受众群体的产品偏好变化快，喜欢追逐自我和喜新厌旧，家具企业又必须挖掘新的市场热门产品。这些新产品是成长期产品，大多是刚入市和新选择的产品，无疑是很好的利润来源。成熟期产品和成长期产品的有效组合，不但可以有效平衡风险与收益的关系，而且当成熟产品衰退时，成长期的产品则进入成熟期，形成产品成长梯队，从而保证销售状况不会大起大落。这样，在规避风险的同时，还能充分追求利润最大化和经营的稳定。

对于制造商而言，如何分配有限的资源也是很重要的问题，即企业究竟满足谁的需求？显而易见，企业应该根据经销商创造的价值进行判断，进行集中竞争优势资源的差异化的、灵活性的产品组合实现盈利、制胜。

因此，针对制造环节，家具制造企业在生产中，如何通过有效的沟通迅速发现市场机会并调整生产流程，通过软件应用等敏捷制造技术，加速产品生产和面世的速度就显得尤为重要。因此，上述结论在二元情况下通过统计检验，符合实际情况。

5.4.2 定制能力对企业绩效的影响分析

同理，对定制能力与企业绩效的二元路径关系进行分析，其中定制能力包括模块设计（F21）、敏捷开发（F22）和流程重组（F23）3个显变量。企业绩效包括关系绩效（F1）和盈利绩效（F2）2个显变量，并且这些显变量均采用主成分得分值进行表示。运用AMOS建立定制能力对企业绩效的直接关系模型，其非标准化与标准化的路径图如图5-5和图5-6所示。

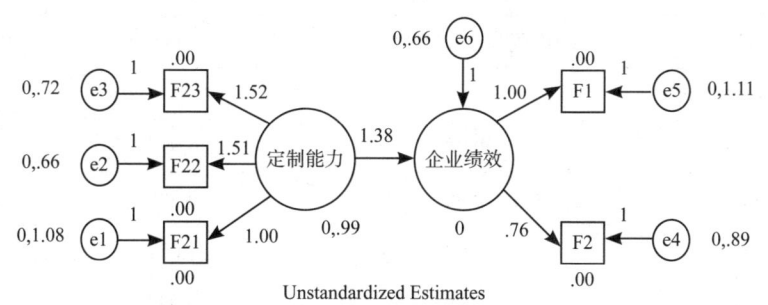

图5-5　定制能力对企业绩效影响的非标准化修正路径图

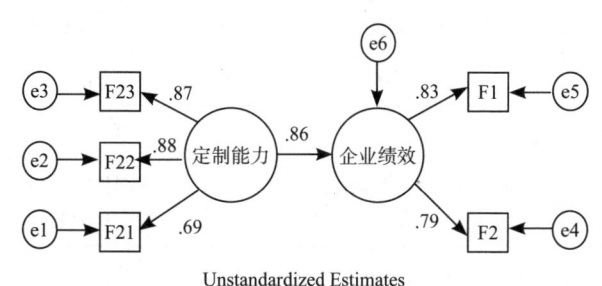

图5-6　定制能力对企业绩效影响的标准化修正路径图

图 5-5 和图 5-6 分别为定制能力对企业绩效影响的非标准化与标准化修正路径图。从修正模型整体适配度检验结果来看，模型的自由度 =4，卡方值 =3.519，显著性概率 =0.475>0.05，接受虚无假设，这表明理论模型和实际观测数据相适配（假设模型方差协方差 $\sum$ 矩阵 ≠ 样本数据方差协方差 S 矩阵）。此外，定制能力对企业绩效影响结构方程模型的其他适配度检验结果如表 5-14 所示。

表5-14 定制能力对企业绩效模型的整体适配度检验汇总

统计检验量	适配标准或临界值	模型结果	适配判断
绝对适配度指数			
卡方值	$P>0.05$（未达显著水平）	3.519（$P=0.475>0.05$）	是
RMSEA	<0.05 优良　<0.08 良好	0.000	是
增值适配度指数			
NFI	>0.90	0.995	是
RFI	>0.90	0.987	是
IFI	>0.90	1.001	是
TLI	>0.90	1.002	是
CFI	>0.90	1.000	是
简约适配度指数			
PNFI	>0.50	0.398	否
PCFI	>0.50	0.400	否
CN	>200	642	是
卡方自由度比	<2.00	0.880	是
AIC	同时小于饱和模型值和独立模型值	35.519<40.000 35.519<674.904	是

从表 5-14 来看，定制能力对企业绩效模型的绝对适配度指数和增值适配度指数均达到适配标准，而简约适配度指数中 PNFI 和 PCFI 则分别为 0.398 和 0.400，略小于临界值 0.50，未达到模型适配标准。从模型整体适配度检验结

果来看，模型拟合效果相对较好。

此外，从模型内部的回归系数来看，如表5-15所示，定制能力对企业绩效的回归系数 C.R. 值的伴随概率在 0.001 置信水平上显著，企业绩效、定制能力对各自的显变量回归系数的 C.R. 统计值的伴随概率同样在 0.001 置信水平上显著，因此，定制能力对企业绩效修正后的结构方程模型整体上通过检验，可以对模型的路径系数进行实际意义分析。

表5-15 定制能力对企业绩效模型的回归结果

指标	Unstandardized Estimates	Standardized Estimates	S.E.	C.R.	P
企业绩效←定制能力	1.375	.861	.136	10.106	***
F21←定制能力	1.000	.691	—	—	—
F22←定制能力	1.506	.880	.125	12.020	***
F23←定制能力	1.524	.873	.127	11.965	***
F1←企业绩效	1.000	.834	—	—	—
F2←企业绩效	.762	.790	.062	12.238	***

从模型系数的因果效应来看，定制能力对企业绩效的非标准化直接效应为 1.375，即"定制能力"潜变量每提升1个单位，将平均促进"企业绩效"潜变量提升 1.375 个单位（标准化直接效应为 0.861），由于二元模型不存在间接效应（Indirect Effect），因此，直接效应即为总效应。与此同时，"定制能力"潜变量对"模块设计""敏捷开发"和"流程重组"3个显变量的直接效应分别为 1.000、1.506 和 1.524（以模块设计为标准），而"企业绩效"潜变量对"盈利绩效"和"关系绩效"2个显变量的直接效应分别为 1.000 和 0.762（以盈利绩效为标准）。

从家具制造企业的实践来判断，一方面，企业定制能力的提升，无论对于基于顾客的关系绩效还是基于顾客的盈利绩效，效果都是显著的。我国家具制造企业通过与经销商的互动，企业获得了可信的市场定制信息，对于市场产品的趋势判断和顾客喜好等不确定性进一步减少，也规避一些企业盲目生产的风险，双方增强交流沟通，达成信任理解，无论基于顾客的算计性承诺，还是规范性承诺都会得到协调。另一方面，我国家具制造企业通过定制化生产，可以提高产品质量与可靠性、对产品的模块化和市场敏捷性进行调节、调整流程提高上市时间、交货速度、调节单位制造成本、提高劳动生产率和能力利用率等，这些对于企业的经营绩效增长、销售额增长和企业知名度的提升具有促进作用，家具企业也可以通过良好的财务绩效表现获取更多的潜在客户，形成市场信息促进企业声誉成长和企业生产定制能力提升的良性可持续发展。

5.4.3 互动导向对企业绩效的间接影响关系分析

同理，进一步将"企业绩效"加入结构方程模型，其中，"企业绩效"潜变量包括"关系绩效"和"盈利绩效"2个显变量，分别由主成分得分 F1 和 F2 表示。根据模型假设，这里首先进行互动导向对企业绩效的间接影响分析，即互动导向通过定制能力间接影响企业绩效，通过对初始路径图进行修正，得到修正后的路径图，如图 5-7 和图 5-8 所示。

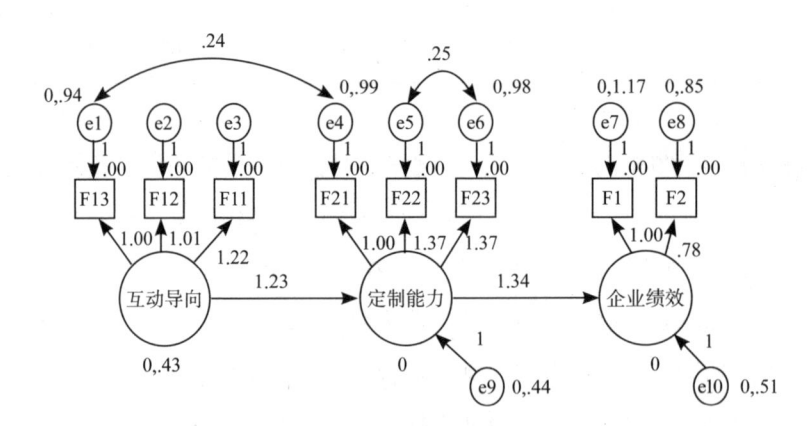

Unstandardized Estimates
卡方值 =18.125（P=.317）；自由度 =16；$RMSEA$=.024；NFI=.978
卡方自由度比 =1.133

图5-7 互动导向对企业绩效间接影响的非标准化路径图

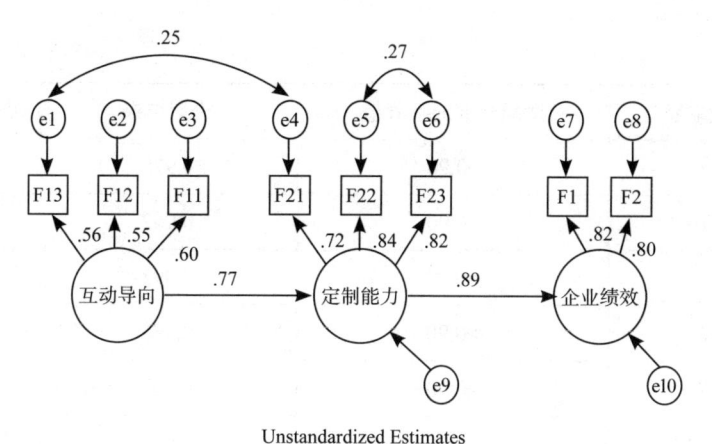

卡方值=18.125（P=.317）；自由度=16；RMSEA=.024；NFI=.978
卡方自由度比=1.133

图5-8　互动导向对企业绩效间接影响的标准化路径图

从修正的路径图来看，e1与e4之间的非标准化协方差值为0.242，标准化模型为0.250，e5与e6之间的非标准化协方差值为0.246，标准化模型为0.269，并且两组协方差值的 C.R. 值的伴随概率分别为0.052和0.002，在0.10置信水平上显著，即e1和e4、e5和e6之间均存在共变关系。

显然，从修正模型整体适配度检验结果来看，模型的自由度=16，卡方值=18.125，显著性概率=0.317>0.05，接受虚无假设，这表明理论模型和实际观测数据相适配（假设模型方差协方差∑矩阵≠样本数据方差协方差S矩阵）。此外，互动导向对企业绩效间接影响的结构方程模型的其他适配度检验结果如表5-16所示。

表5-16　互动导向对企业绩效间接影响模型的整体适配度检验汇总

统计检验量	适配标准或临界值	模型结果	适配判断
绝对适配度指数			
卡方值	P>0.05（未达显著水平）	18.125（P=0.317>0.05）	是
RMSEA	<0.05优良　<0.08良好	0.024	是
增值适配度指数			

续表

统计检验量	适配标准或临界值	模型结果	适配判断
NFI	>0.90	0.978	是
RFI	>0.90	0.962	是
IFI	>0.90	0.997	是
TLI	>0.90	0.995	是
CFI	>0.90	0.997	是
简约适配度指数			
PNFI	>0.50	0.559	是
PCFI	>0.50	0.570	是
CN	>200	346	是
卡方自由度比	<2.00	1.133	是
AIC	同时小于饱和模型值和独立模型值	74.125<88.000 74.125<872.969	是

从表 5-16 来看，互动导向对企业绩效间接影响模型的绝对适配度指数、增值适配度指数以及简约适配度指数均达到适配标准，模型整体拟合效果相对较好。

此外，从模型内部的回归系数来看，如表 5-17 所示，潜变量间回归系数 C.R. 值的伴随概率在 0.001 置信水平上显著，互动导向、定制能力以及企业绩效对各自的显变量回归系数的 C.R. 统计值的伴随概率同样在 0.001 置信水平上显著，因此，互动导向对企业绩效间接影响的修正后结构方程模型整体上通过检验，可以对模型的路径系数进行实际意义分析。

表5-17 互动导向对企业绩效间接影响模型的回归结果

指标	Unstandardized Estimates	Standardized Estimates	S.E.	C.R.	P
定制能力←互动导向	1.228	.769	.198	6.209	***

续表

指标	Unstandardized Estimates	Standardized Estimates	S.E.	C.R.	P
企业绩效←定制能力	1.344	.891	.129	10.439	***
F13←互动导向	1.000	.558	—	—	—
F12←互动导向	1.014	.546	.180	5.640	***
F11←互动导向	1.219	.597	.206	5.911	***
F21←定制能力	1.000	.724	—	—	—
F22←定制能力	1.373	.840	.122	11.230	***
F23←定制能力	1.371	.823	.125	11.003	***
F1←企业绩效	1.000	.824	—	—	—
F2←企业绩效	.781	.800	.063	12.344	***

从模型系数的因果效应来看，互动导向对定制能力、定制能力对企业绩效仅有直接效应，互动导向对企业绩效仅有间接效应，其中互动导向对定制能力的非标准化直接效应为1.228，即"互动导向"潜变量每提升1个单位，将平均促进"定制能力"潜变量提升1.228个单位（标准化直接效应为0.769），定制能力对企业绩效的非标准化直接效应为1.344，即"定制能力"潜变量每提升1个单位，将平均促进"企业绩效"潜变量提升1.344个单位（标准化直接效应为0.891），而互动导向对企业绩效的非标准化间接效应为1.651，即"互动导向"潜变量每提升1个单位，将间接平均促进"企业绩效"潜变量提升1.651个单位（标准化间接效应为0.685）。

与此同时，"互动导向"潜变量对"顾客观念""互动授权"和"价值管理"3个显变量的直接效应分别为1.219、1.014和1.000（以价值管理为标准），"定制能力"潜变量对"模块设计""敏捷开发"和"流程重组"3个显变量的直接效应分别为 1.000、1.373 和 1.371（以模块设计为标准），"企业绩效"潜变量对"关系绩效"和"盈利绩效"2个显变量的直接效应分别为 1.000 和 0.781（以关系绩效为标准）。由此可以发现，在加入企业绩效潜变量后，"顾客观念"在互动导向中的作用最大，"互动授权"和"价值管理"的作用相对较小；"定制能力"类别下3个维度中"敏捷开发"和"模块设计"作用相对增强，"企业绩效"潜变量中"关系绩效"相比"盈利绩效"的作用更大。

基于理论分析，这验证了美国学者拉马尼（Ramani，2006）的观点：互动导向的核心是顾客观念，顾客观念是基于顾客的关系绩效的有效保障。互动导向的四个构成维度中，顾客观念是核心，其他三个构成维度：互动响应能力、顾客授权和顾客价值管理都是为实现顾客观念服务的。对于顾客来说，其特定需求能够得到更好的满足，因此对企业更加满意。因此，互动导向能够提高顾客满意度，从而保证较高的基于顾客的关系绩效。

基于顾客的关系绩效是从顾客的态度方面进行测量，基于顾客的盈利绩效是从顾客的行动角度进行测量。从实践分析，该检验充分说明了家具企业接受市场信息刺激后，即以满足顾客需求为宗旨的家具生产模式，企业可以及时调整生产效率和生产流程，并通过先进生产技术和软件的应用，提高企业的市场适应性，实行敏捷制造；并且，通过家具组件的重复使用、增减产品的附加功能，满足个性需求的模块化生产。这样，经销商和终端顾客的需求会得到及时满足，经销商获利后，增强了对于企业的盈利信任和关系信任，双方良好的关系发展促进了彼此的信心，厂家的信誉也随之提升，继而，促进企业获取更多的潜在顾客，经营绩效大幅增长，企业可以获得持续的竞争优势。

5.4.4 互动导向对企业绩效的混合影响关系分析

在 5.4.3 的基础上，这里进一步考虑互动导向对企业绩效的直接效应，即建立互动导向对企业绩效的混合影响关系结构方程模型，通过对初始路径图进行修正，得到修正后的路径图，如图 5-9 和图 5-10 所示。

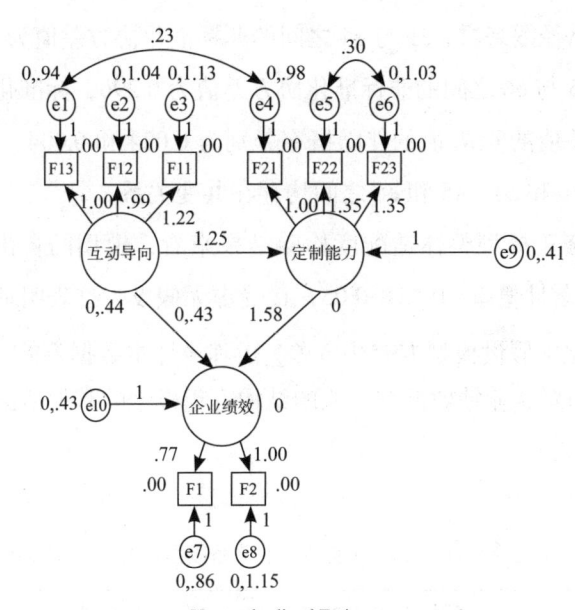

图5-9　互动导向对企业绩效混合影响的非标准化路径图

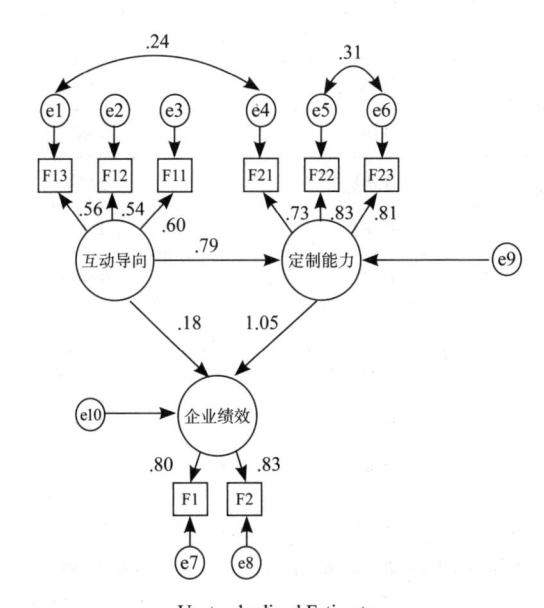

图5-10　互动导向对企业绩效混合影响的标准化路径图

从修正的路径图来看，e1 与 e4 之间的非标准化协方差值为 0.227，标准化模型为 0.237，e5 与 e6 之间的非标准化协方差值为 0.296，标准化模型为 0.307，并且两组协方差值的 C.R. 值的伴随概率分别为 0.024 和 0.004，在 0.05 置信水平上显著，即 e1 和 e4、e5 和 e6 之间均存在共变关系。

显然，从修正模型整体适配度检验结果来看，模型的自由度 =15，卡方值 =16.956，显著性概率 =0.321>0.05，接受虚无假设，这表明理论模型和实际观测数据相适配（假设模型方差协方差$\sum$矩阵≠样本数据方差协方差 S 矩阵）。此外，互动导向对企业绩效混合影响的结构方程模型的其他适配度检验结果如表 5-18 所示。

表5-18 互动导向对企业绩效混合影响关系模型的整体适配度检验汇总

统计检验量	适配标准或临界值	模型结果	适配判断
绝对适配度指数			
卡方值	P>0.05（未达显著水平）	16.956（P=0.321>0.05）	是
RMSEA	<0.05 优良 <0.08 良好	0.023	是
增值适配度指数			
NFI	>0.90	0.980	是
RFI	>0.90	0.962	是
IFI	>0.90	0.998	是
TLI	>0.90	0.996	是
CFI	>0.90	0.998	是
简约适配度指数			
PNFI	>0.50	0.525	是
PCFI	>0.50	0.534	是
CN	>200	351	是
卡方自由度比	<2.00	1.130	是
AIC	同时小于饱和模型值和独立模型值	74.956<88.000 74.956<872.969	是

从表 5-18 来看，互动导向对企业绩效混合影响模型的绝对适配度指数、

增值适配度指数以及简约适配度指数均达到适配标准,模型整体拟合效果相对较好。

此外,从模型内部的回归系数来看,如表5-19所示,潜变量间回归系数 $C.R.$ 值的伴随概率在0.001置信水平上显著,互动导向、定制能力以及企业绩效对各自的显变量回归系数的 $C.R.$ 统计值的伴随概率同样在0.001置信水平上显著,因此,互动导向对企业绩效间接影响的修正后结构方程模型整体上通过检验,可以对模型的路径系数进行实际意义分析。

表5-19 互动导向对企业绩效混合影响模型的回归结果

指标	Unstandardized Estimates	Standardized Estimates	S.E.	C.R.	P
定制能力←互动导向	1.253	.791	.199	6.299	***
企业绩效←定制能力	1.579	1.046	.277	5.698	***
企业绩效←互动导向	−.433	−.181	.430	−1.008	.313
F13←互动导向	1.000	.564	—		
F12←互动导向	.991	.539	.176	5.637	***
F11←互动导向	1.217	.603	.204	5.980	***
F21←定制能力	1.000	.725	—		
F22←定制能力	1.354	.830	.120	11.273	***
F23←定制能力	1.349	.812	.122	11.020	***
F1←企业绩效	1.000	.827	—		
F2←企业绩效	.774	.796	.063	12.344	***

显然,相比表5-17互动导向对企业绩效间接影响模型的回归结果,表5-19中的混合影响模型回归结果与间接模型回归结果相差不大,这表明互动导向对企业绩效的结构方程模型相对稳定。然而,添加了互动导向对企业绩效直接影响的结构方程模型中该直接效应的路径系数为−0.433,其 $C.R.$ 值为−1.008,伴随概率为0.313,这表明该路径系数未通过统计检验,这样的结果同样违背了模型的基础假设,即路径系数应该为非负值。因此,互动导向对企业绩效没有直接影响,而是主要通过定制能力产生的间接

影响。

　　这和前面的分析相吻合。这里的企业绩效是指基于顾客的盈利绩效和基于顾客的关系绩效。家具制造企业的互动导向主要是通过顾客互动授权，提高经销商顾客的满意度。也就是说，家具制造企业在生产销售中，顾客观念和互动授权对于互动导向的影响力很大。企业要给予足够重视。这体现和遵从了价值共创的思想。通过记录、收集与分析每位顾客详细的交易信息进行顾客价值管理，帮助企业更好地理解顾客行为，甚至把握顾客的消费偏好与规律，增强企业的市场预测能力，有利于提高企业的产品创新效率和投资回报率。通过充分授权，将顾客纳入企业服务创新过程中，不断增强顾客的主人翁意识，激活和释放顾客的潜在需求，促进服务创新项目的开发与市场推广等，提高企业服务创新的过程绩效和结果绩效。利用服务质量提高促进家具制造企业互动导向能力的提升。因此，互动导向作为竞争优势的一个来源，并不能直接产生良好的产品绩效，而是通过转化为具有创新能力的新产品和新产品推广方案，基于差异化营销实现的。

　　互动导向能够通过定制能力的提升显著地促进企业经营绩效的提高，即企业与顾客的互动导向虽然意味着企业能够持续地从顾客群体收集信息，给予顾客渠道和途径参与企业的价值共创，但并不直接赋予企业产生经济效益。

　　互动导向作为企业文化和行动的战略导向，在经营上体现为更加重视个体和个性的顾客理念，顾客被授予更多权利发表自己的看法和见解，企业重视这种互动及时的响应效率。通过上述行为，企业更加明晰哪些顾客能够带来利润。这表明，只有当企业将互动中吸收的信息有效地转化为知识，并进一步内化为企业能力时，才能显著地影响企业经营绩效的提升。

　　尤其在以价值共同创造为核心的新的营销范式下，授权给顾客并允许顾客按照自己的想法体现顾客需求和价值，顾企互动已经成为新营销范式里创造价值和获取价值的核心来源。所以，互动导向不直接对企业绩效产生影响，而是通过和经销商顾客的互动，了解企业产品的缺陷和市场状况，调整企业的产品营销战略，从而影响企业的经营绩效。

5.4.5　互动导向对企业绩效内在的影响关系分析

　　5.4.3和5.4.4分析表明互动导向对企业绩效的影响主要是通过定制能力产

5 互动导向下家具制造企业定制能力与绩效关系结构方程模型分析

生的间接效应，而企业绩效主要包括关系绩效和盈利绩效两方面内容。从现实意义来看，互动导向对关系绩效存在直接影响，而关系绩效的改善在一定程度上也能提升企业的盈利绩效，因此，这里进一步将企业绩效进行拆分，从而探讨互动导向对企业绩效的内在影响关系，所建模型如图 5-11 和图 5-12 所示。

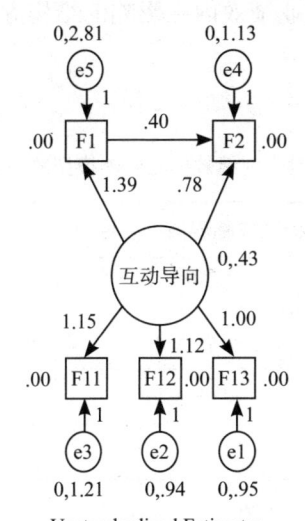

卡方值 =2.859（P=.582）；自由度 =4；$RMSEA$=.000；NFI=.989
卡方自由度比 =.715

图5-11 互动导向对企业绩效内在影响的非标准化路径图

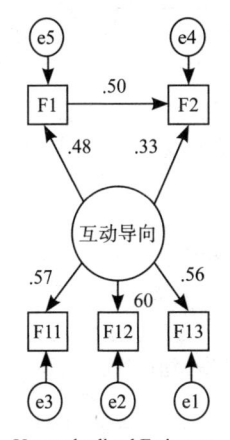

卡方值 =2.859（P=.582）；自由度 =4；$RMSEA$=.000；NFI=.989
卡方自由度比 =.715

图5-12 互动导向对企业绩效内在影响的标准化路径图

显然，上述 2 个路径图为混合结构方程模型路径分析图（混合路径分析），所建模型不需要修正即达到模型适配预期标准，此时，模型的自由度 =4，卡方值 =2.859，显著性概率 =0.582>0.05，接受虚无假设，这表明理论模型和实际观测数据相适配（假设模型方差协方差 $\sum$ 矩阵 ≠ 样本数据方差协方差 S 矩阵）。此外，互动导向对企业绩效内在影响的结构方程模型的其他适配度检验结果如表 5-20 所示。

表5-20　互动导向对企业绩效内在影响模型的整体适配度检验汇总

统计检验量	适配标准或临界值	模型结果	适配判断
绝对适配度指数			
卡方值	$P>0.05$（未达显著水平）	2.859（$P=0.582>0.05$）	是
RMSEA	<0.05 优良　<0.08 良好	0.000	是
增值适配度指数			
NFI	>0.90	0.989	是
RFI	>0.90	0.973	是
IFI	>0.90	1.004	是
TLI	>0.90	1.011	是
CFI	>0.90	1.000	是
简约适配度指数			
PNFI	>0.50	0.396	否
PCFI	>0.50	0.400	否
CN	>200	790	是
卡方自由度比	<2.00	0.715	是
AIC	同时小于饱和模型值和独立模型值	34.859<40.000　34.859<283.162	是

从表 5-20 来看，互动导向对企业绩效内在影响模型的绝对适配度指数和增值适配度指数均达到适配标准，而简约适配度指数中 PNFI 和 PCFI 则分别为

0.396 和 0.400，略小于临界值 0.50，未达到模型适配标准。从模型整体适配度检验结果来看，模型拟合效果相对较好。

此外，从模型内部的回归系数来看，如表 5-21 所示，互动导向对关系绩效、关系绩效对盈利绩效内在影响的回归系数 $C.R.$ 值的伴随概率均在 0.001 置信水平上显著，而互动导向对盈利绩效的 $C.R.$ 值的伴随概率虽然为 0.084，但是在 0.10 以内，因此也通过统计检验；互动导向对各自显变量回归系数的 $C.R.$ 值的伴随概率同样在 0.001 置信水平上显著，因此，互动导向对企业绩效内在影响的结构方程模型整体上通过检验，可以对模型的路径系数进行实际意义分析。

表5-21　互动导向对企业绩效内在影响模型的回归结果

指标	Unstandardized Estimates	Standardized Estimates	S.E.	C.R.	P
F1 ← 互动导向	1.391	.477	.294	4.737	***
F13 ← 互动导向	1.000	.557			
F12 ← 互动导向	1.115	.601	.204	5.456	***
F11 ← 互动导向	1.152	.565	.216	5.337	***
F2 ← 互动导向	.779	.332	.206	3.787	***
F2 ← F1	.403	.501	.049	8.145	***

从模型系数的因果效应来看，互动导向对关系绩效（F1）、关系绩效对盈利绩效（F2）仅有直接效应，而互动导向对盈利绩效既有直接效应也有间接效应，其中互动导向对关系绩效的非标准化直接效应为 1.391，即"互动导向"潜变量每提升 1 个单位，将平均促进"关系绩效"显变量提升 1.391 个单位（标准化直接效应为 0.477），关系绩效对盈利绩效的非标准化直接效应为 0.403，即"关系绩效"显变量每提升 1 个单位，将平均促进"盈利绩效"显变量提升 0.403 个单位（标准化直接效应为 0.501），从而互动导向对盈利绩效的非标准化间接效应为 0.560（=1.391×0.403），即"互动导向"潜变量

每提升1个单位,将间接平均促进"盈利绩效"显变量提升0.560个单位(标准化间接效应为0.238),互动导向对盈利绩效的非标准化直接效应为0.779,即"互动导向"潜变量每提升1个单位,将直接平均促进"盈利绩效"显变量提升0.779个单位(标准化间接效应为0.332),因此,互动导向对盈利绩效的非标准化总效应为1.339(=0.779+0.560),即"互动导向"潜变量每提升1个单位,将平均促进"盈利绩效"显变量提升1.339个单位(标准化总效应为0.571)。

与此同时,"互动导向"潜变量对"顾客观念""互动授权"和"价值管理"3个显变量的直接效应分别为1.152、1.115和1.000(以价值管理为标准),即此时互动导向主要受互动授权和价值管理影响,但是这3个显变量的影响效果相差不大。

从一个角度分析,制造商在为顾客提供特定的解决方案的过程中,其投入的专有性资产如专门的人力、物力和知识,表现出对顾客的重视和合作的诚意,将提高顾客对制造商的信任与合作意愿,从而愿意共享市场信息和产品信息,参与到产品的后续研发中。从另一角度分析,组织间的接触增强了知识共享的意愿与交流倾向,有助于深层次、隐性知识的共享。企业将得到的信息进行加工,应用于产品的加工定制中,提升家具制造企业的产品定制能力。通过满足中间顾客和终端顾客的产品需求,减少顾客损失,提升顾客价值,实现产品在市场上的"惊险一跳",这完全是基于顾客的关系绩效显著地影响创新绩效的表现。

另外,家具制造企业在生产销售中,顾客观念和互动授权对于互动导向的影响力很大,企业要给予足够重视,这体现和遵从了价值共创的思想。通过记录、收集与分析每位顾客详细的交易信息进行顾客价值管理,帮助企业更好地理解顾客行为,甚至把握顾客的消费偏好与规律,增强企业的市场预测能力,有利于提高企业的产品创新效率和投资回报率。通过充分授权,将顾客纳入企业服务创新过程中,不断增强顾客的主人翁意识,激活和释放顾客的潜在需求,促进服务创新项目的开发与市场推广等,提高企业服务创新的过程绩效和结果绩效,促进企业互动导向能力的提升。同时该结果也充分验证了杜运周的观点,虽然一些学者研究认同互动有助于促进企业与顾客间的关系，但前提是顾客认可这种互动关系，否则，彼此间的互动并不构成价值上的提升。这隐含着互动导向需要顾客认可这种合法化过程，才能进一步作用于企业绩效。

5.4.6 市场环境条件下的路径关系分析

在 5.4.4 的基础上，这里进一步将"市场环境"加入结构方程模型，其中，"市场环境"潜变量包括竞争强度和市场波动 2 个显变量，分别由主成分得分 F31 和 F32 表示，根据模型假设，市场环境主要通过互动导向和定制能力对企业绩效产生间接影响，通过对初始路径图进行修正，得到修正后的路径图，如图 5-13 和图 5-14 所示。

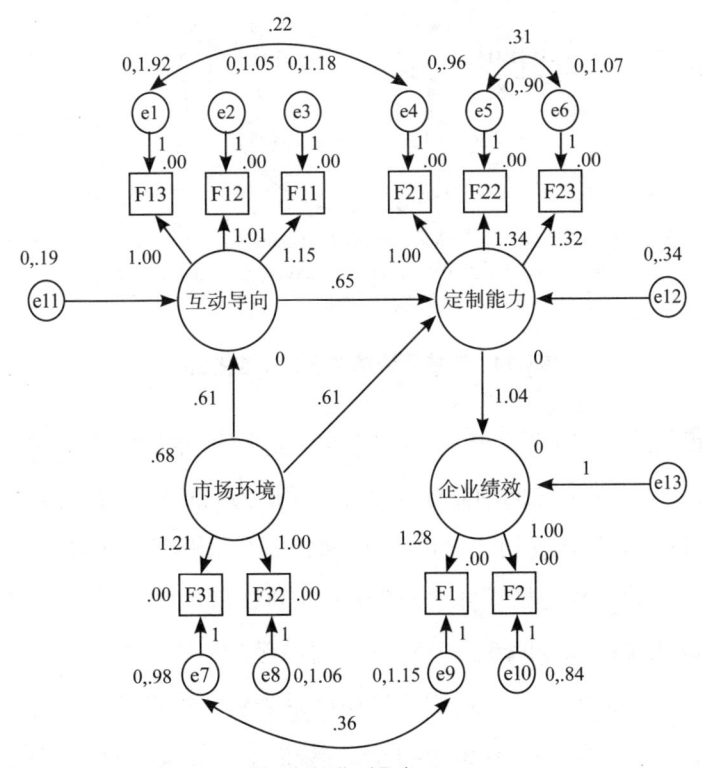

Unstandardized Estimates
卡方值 =39.715（P=.070）；自由度 =28；$RMSEA$=.042；NFI=.962
卡方自由度比 =1.418

图5-13 市场环境条件下的非标准化路径图

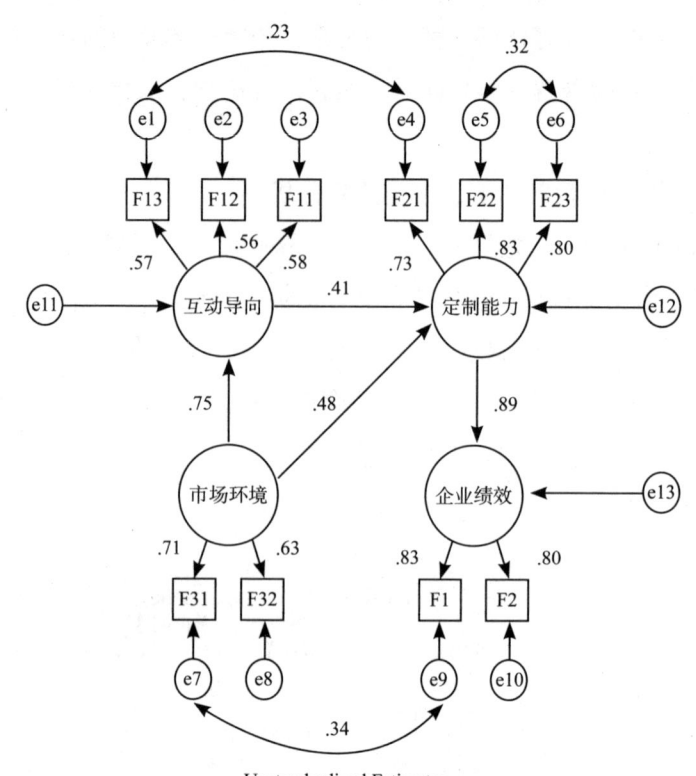

◎ 基于互动导向的家具制造企业定制能力及企业绩效关系研究

Unstandardized Estimates
卡方值 =39.715（P=.070）；自由度 =28；$RMSEA$=.042；NFI=.962
卡方自由度比 =1.418

图5-14 市场环境条件下的标准化路径图

从修正的路径图来看，e1 与 e4 之间的非标准化协方差值为 0.220，标准化模型为 0.235，e5 与 e6 之间的非标准化协方差值为 0.313，标准化模型为 0.319，e7 与 e9 之间的非标准化协方差值为 0.364，标准化模型为 0.344，并且三组协方差值的 $C.R.$ 值的伴随概率分别为 0.008、0.002 和 0.000，在 0.01 置信水平上显著，即 e1 和 e4、e5 和 e6、e7 和 e9 之间均存在共变关系。

显然，从修正模型整体适配度检验结果来看，模型的自由度 =28，卡方值 =39.715，显著性概率 =0.070>0.05，接受虚无假设，这表明理论模型和实际观测数据相适配（假设模型方差协方差$\hat{\Sigma}$矩阵≠样本数据方差协方差S矩阵）。此外，市场环境条件下的结构方程模型的其他适配度检验结果如表 5-22 所示。

表5-22 市场环境条件下模型整体适配度检验汇总

统计检验量	适配标准或临界值	模型结果	适配判断
绝对适配度指数			
卡方值	$P>0.05$（未达显著水平）	39.715（$P=0.070>0.05$）	是
RMSEA	<0.05 优良　<0.08 良好	0.042	是
增值适配度指数			
NFI	>0.90	0.962	是
RFI	>0.90	0.939	是
IFI	>0.90	0.988	是
TLI	>0.90	0.981	是
CFI	>0.90	0.988	是
简约适配度指数			
PNFI	>0.50	0.599	是
PCFI	>0.50	0.615	是
CN	>200	248	是
卡方自由度比	<2.00	1.418	是
AIC	同时小于饱和模型值和独立模型值	113.715<130.000 113.715<1081.714	是

从表 5-22 来看，市场环境条件下的结构方程模型的绝对适配度指数、增值适配度指数以及简约适配度指数均达到适配标准，模型整体拟合效果相对较好。

此外，从模型内部的回归系数来看，如表 5-23 所示，潜变量间回归系数 C.R. 值的伴随概率在 0.05 置信水平上显著，互动导向、定制能力、市场环境以及企业绩效对各自的显变量回归系数的 C.R. 统计值的伴随概率同样在 0.001 置信水平上显著，因此，市场环境条件下结构方程模型整体上通过检验，可以对模型的路径系数进行实际意义分析。

表5-23 市场环境条件下模型回归结果

指标	Unstandardized Estimates	Standardized Estimates	S.E.	C.R.	P
互动导向←市场环境	.612	.754	.116	5.286	***
定制能力←互动导向	.652	.412	.268	2.431	.015
定制能力←市场环境	.611	.476	.216	2.830	.005
企业绩效←定制能力	1.040	.894	.101	10.345	***
F13←互动导向	1.000	.573	—	—	—
F12←互动导向	1.008	.557	.170	5.938	***
F11←互动导向	1.151	.578	.190	6.071	***
F21←定制能力	1.000	.734	—	—	—
F22←定制能力	1.339	.832	.115	11.603	***
F23←定制能力	1.320	.804	.118	11.201	***
F32←市场环境	1.000	.625	—	—	—
F31←市场环境	1.206	.710	.165	7.302	***
F2←企业绩效	1.000	.802	—	—	—
F1←企业绩效	1.284	.827	.103	12.492	***

从模型系数的因果效应来看，互动导向对定制能力、定制能力对企业绩效、市场环境对互动导向仅有直接效应，而互动导向对企业绩效、市场环境对企业绩效仅有间接效应，市场环境对定制能力既有直接效用也有间接效应，详情如表5-24所示。

表5-24 市场环境条件下模型路径系数因果效应汇总

指标	总效应		直接效应		间接效应	
	非标准化	标准化	非标准化	标准化	非标准化	标准化
互动导向←市场环境	0.612	0.754	0.612	0.754	0	0
定制能力←市场环境	1.010	0.787	0.611	0.476	0.399	0.311
企业绩效←市场环境	1.050	0.704	0	0	1.050	0.704
定制能力←互动导向	0.652	0.412	0.652	0.412	0	0

续表

指标	总效应		直接效应		间接效应	
	非标准化	标准化	非标准化	标准化	非标准化	标准化
企业绩效←互动导向	0.678	0.368	0	0	0.678	0.368
企业绩效←定制能力	1.040	0.894	1.040	0.894	0	0

从表 5-24 来看，市场环境对互动导向的非标准化直接效应和总效应均为 0.612，即"市场环境"潜变量每提升 1 个单位，将平均促进"关系绩效"潜变量提升 0.612 个单位（标准化直接效应为 0.754）；市场环境对定制能力的非标准化直接效应为 0.611，即"市场环境"潜变量每提升 1 个单位，将直接平均促进"定制能力"潜变量提升 0.611 个单位（标准化直接效应为 0.476），市场环境对定制能力的非标准化间接效应为 0.399，即"市场环境"潜变量每提升 1 个单位，将间接平均促进"定制能力"潜变量提升 0.399 个单位（标准化间接效应为 0.311），因此，市场环境对定制能力的非标准化总效应为 1.010，即"市场环境"潜变量每提升 1 个单位，将总体平均促进"定制能力"潜变量提升 1.010 个单位（标准化总效应为 0.787）；市场环境对企业绩效的非标准化间接效应和总效应均为 1.050，即"市场环境"潜变量每提升 1 个单位，将间接平均促进"企业绩效"潜变量提升 1.050 个单位（标准化间接效应为 0.704）；互动导向对定制能力的非标准化直接效应和总效应均为 0.652，即"互动导向"潜变量每提升 1 个单位，将直接平均促进"定制能力"潜变量提升 0.652 个单位（标准化直接效应为 0.412）；互动导向对企业绩效的非标准化间接效应和总效应均为 0.678，即"互动导向"潜变量每提升 1 个单位，将间接平均促进"企业绩效"潜变量提升 0.678 个单位（标准化间接效应为 0.368）；定制能力对企业绩效的非标准化直接效应和总效应均为 1.040，即"定制能力"潜变量每提升 1 个单位，将直接平均促进"企业绩效"潜变量提升 1.040 个单位（标准化直接效应为 0.894）。

与此同时，"互动导向"和"定制能力"这 2 个潜变量对应的显变量的路径系数与之前的模型结果类似，不予赘述；"市场环境"潜变量中"竞争强度"的路径系数（1.206）相比"市场波动"的路径系数（1.000）较大，而"企业绩效"潜变量中"关系绩效"的作用较大,"盈利绩效"的作用相对较小。

家具制造企业竞争激烈是不争的事实。首先是同质重复性建设较严重,很难真正存在民主设计,很难讲清谁是原创设计,谁抄袭了谁,行业竞争激烈。其次,价格促销战严重,很少有品牌敢坚挺价格,因此,整个市场良莠不齐,价格扰乱市场,消费者也未必真正受益。只有与公司互动频繁、被授予更多权力和享受良好体验的顾客才能对公司产生强烈的归属感和认同感,并自觉维护企业的利益。因此,公司的互动导向水平越高,顾客的这种主人翁意识就越强。当一个顾客在进行私人推荐时,不仅说明该公司能提供卓越的经济价值,还说明双方具有良好的关系。市场波动的路径系数较小,恰恰印证了中国家具企业的通病,即便顾客偏好变化快,企业仍旧是以自我为中心,不主动迎合消费者的需求,闭门造车的现象经常出现。

通过互动导向的作用,企业基于顾客的关系绩效强于基于顾客的盈利绩效。因为当顾客对家具企业的满意度较高,顾客对企业的归属感较强时,顾客对家具企业的正向口碑传播越积极,企业就越能获得基于顾客的盈利绩效,这主要是由于基于顾客满意等的顾客态度会影响顾客与企业之间的交易情况(Anderson, Fornell & Mazvancheryl, 2004)。因此,基于顾客的盈利绩效会受到基于顾客的关系绩效的正向影响。

5.5　结论分析

①问卷各个维度及问卷整体均通过信度与效度检验,即表明问卷具有内在一致性与可靠性,可以进行后续研究。

②问卷问题间的 Spearman 相关分析与主成分得分之间的 Person 相关分析均在整体上存在显著相关。

③各个维度的主成分分析能够准确度量出每个变量在对应维度中的作用。

④互动导向主要通过定制能力从整体上间接影响企业绩效,而从企业绩效内部来看,互动导向则主要通过影响基于顾客的关系绩效间接改变基于顾客的盈利绩效,互动导向对基于顾客的盈利绩效的直接影响较小。

⑤市场环境对企业绩效的影响主要通过间接影响互动导向和定制能力实现。

⑥企业绩效中基于顾客的关系绩效作用明显大于基于顾客的盈利绩效。

⑦市场环境中竞争强度作用明显大于市场波动。

⑧定制能力中敏捷开发和流程重组的作用明显大于模块设计。

⑨互动导向中顾客观念的作用明显大于互动授权和价值管理。

5.6 本章小结

本章主要对我国家具制造企业的互动导向和定制能力以及企业绩效和市场环境进行了实证检验。首先，进行了问卷有效性检验，主成分分析和相关分析以及介绍了结构方程模型概况，模型的检验统计指数；其次，分析了信度和效度的检验结果；再次，依次分析了主成分分析结果、相关分析结果；最后，在构建结构方程模型后，进行了模型的基本假设以及分别展开了互动导向对定制能力的影响分析、定制能力对企业绩效的影响分析、互动导向对企业绩效的间接影响分析、互动导向对企业绩效的混合影响分析、互动导向对企业绩效的内在影响分析和市场环境条件下的路径关系分析，以期为后续的管理启示和对策提供依据。

6 管理启示与对策

根据第 5 章的研究结论显示,互动导向主要通过定制能力从整体上间接影响企业绩效。该结论一是验证了"导向→能力→绩效"的研究范式;二是与顾企共创价值理论核心内容保持一致。共创价值观念是互动的理论支柱,而互动是共创价值在企业中的具体执行。共创价值理论中明确表示,企业不直接提供价值,而是在和顾客互动中提供价值主张。只有当不同系统的资源与服务整合时,才会创造价值。另外,从企业绩效来看,互动导向主要通过影响关系绩效间接改变企业盈利绩效,互动导向对盈利绩效的直接影响较小,定制能力提升基于顾客的关系绩效再作用于基于顾客的盈利绩效的机制值得借鉴。

6.1 管理启示

(1) 互动导向促进顾企资源交换

从顾客的视角看"供应商—顾客互动共创价值"的过程,顾客参与对于顾客而言意味着顾客与企业发生诸多关系,对于企业而言是维系良好关系的开始。同时,顾客还会投入知识资源,将市场的碎片化信息通过初步的系统整理,反馈给企业。这些有形资源和无形资源的投入,是顾客承担和付出的成本。并且,该投入行为还具有一定的持久性。顾客价值对于顾客而言则是相应的价值产出,包含核心的产品价值及附属的关系价值,并变现为顾客收益。顾客参与的持续性和深入性是上述投入和产出的比较,更是投入和收益的对比。因此,企业要重视顾企互动中的顾客成本,资源交换也应交换双方的成本和价值。

从供应商的视角看"供应商—顾客互动共创价值"的过程,为顾客创造价值是企业的出发点和落脚点,企业的价值和顾客的价值具有双面性,为顾客创造价值的同时也为自身带来价值。企业的能力,特别是企业的核心能力,是企业获得竞争优势并为顾客创造优异价值的保障。从资源基础观的观点来看,识别、获取、利用资源是企业获取能力的唯一路径。顾客参与对企业而言不只意味着企业获得了高于竞争对手的资源位置障碍,提升了企业竞争实力。更重要的是,作为商业生态网络节点中的一个实体,企业的关系资源是嵌入在企业关系网络中的,因而,顾客参与对企业而言还意味着企业获得了另一部分特别的关系资源:网络资源和制度资源,促进企业从更广泛的层面增强企业的关系能力。在某种意义上,顾客参与对于企业的生存与发展是不可或缺的。顾客参与增强了企业的能力,这种能力对于企业价值和顾客价值的提升都有正面的促进作用。

从供应商—顾客双向的视角来看"供应商—顾客互动共创价值"的过程,"共同参与""互动""共同创造价值"是这一过程的典型特征。双方共同参与,共同投入资源,在互动中双方的能力得到了提升,进而有力地提升了共创价值(分属于顾客价值和供应商价值)。以上逻辑链可简化为"投入(顾客参与和供应商参与)→转化(供应商能力和顾客能力)→产出"(顾客价值和供应商价值)。

(2)外部知识获取对企业定制能力和企业绩效至关重要

根据5.4.4的研究表明,定制能力在互动导向和家具制造企业绩效中起中介作用,并正向影响关系绩效。因此,如何提升家具企业的知识获取能力,进而提高企业的定制水平,对于提升企业的经营绩效值得思考。

第一,定制知识促进企业定制能力提升。家具企业通过客户了解终端市场的变化,双方经过互动后,制造商将信息反馈给生产加工环节,企业调整产品的形态、使用方式、文化内涵和定制知识的整合与应用,以家具的功能分析为基础、以市场预测为导向,调整或重新组合家具生产模块,进而,改造家具企业的敏捷制造和组织能力:市场感知能力、知识吸纳能力、资源重构能力等。其实质是将从经销商处获取的知识转移到生产中,将知识扩散和应用,反映的是企业不断创新和应用新知识的能力。

第二,定制知识的交换提升企业绩效。定制能力对于企业绩效的影响是通过影响关系绩效再影响盈利绩效的。由于定制能力与家具制造企业的技术水平和研发能力紧密联系,企业的创新定制能力在业界往往具有领先于其他竞争对手的优势。客户不仅可以从与企业的互动中获得专业知识并且了解有关技术,也可以受益于企业"行业专家"的良好声誉,为自身树立好的形象,并扩展业务,具体表现为:①它有利于双方共享市场调查、竞争形式、消费者动向等信息;②良好的沟通机制能够有效降低供应商和经销商中受损害一方采取的消极行动的可能性,如威胁退出、寻找替代者等;③有利于增强供应商与经销商的信任度和依赖度,这种信息互动管理模式一旦形成,供应商和经销之间的信任度和依赖度就会大幅增强。对于供应商而言,良好的口碑会吸引更多合理的中间商以及终端消费者,创造更多的销售业绩。

(3)互动导向促进企业挖掘市场机遇

根据 5.4.6 的研究发现(如图 5-13 市场环境条件下的非标准化路径图和图 5-14 市场环境下条件下的标准化路径图所示):市场环境中竞争强度作用明显大于市场波动。这是因为除去已经成规模的大型定制加工企业,大部分家具企业定制生产技术差距不大,家具品牌林立,产品同质化严重,因而,同行的竞争激烈。市场的购买者又以"80 后""90 后"为主,顾客偏好变化快,自我意识强烈,因此,市场波动较大。外在的这些压力,企业是无法干预的,可是企业又不能忽略它们对于企业绩效的影响。变化的市场环境说明市场不稳定,企业恰恰需要近距离接触市场,多了解变化的市场信息和顾客反应,明白顾客的潜在需求和消费心理。企业深知企业产品存在的根本原因是满足顾客的不同需求,能够从顾客角度分析产品缺陷和改良方向,尽量满足顾客的不同需求。一流的企业甚至不局限于顾客现有的需求,有能力创造出引领市场消费的顾客需求。所以,企业要学会辩证客观地判断自身处境,在相对平稳的市场环境中进行准确细分,抓住自己的目标客户;又要在风云多变的动态市场环境中敏锐地洞察市场变化,杜绝故步自封,即便有市场优势也不能掉以轻心,要用变化的思维处理变化的市场环境,及时掌握市场信息。而这些行为和思维方式都和企业的互动导向战略密不可分。互动导向程度较高的企业,在市场波动较大的环境中,越有眼光和见识及时挖掘市场机遇,越有可能获得良好绩效。在家具定制产品的多样性、经济性和时效性三方面赶超经营对手,满足顾客不同的需求,提升家具产品市场价值。

(4)顾客参与创新能够拓展企业资源

互动导向是在共创价值理论基础上产生的,认为企业同顾客互动的过程不是顾客参与企业经营活动的过程，而且是企业同顾客共创价值的过程。首先，顾客参与产品开发共创价值的相关文献能为互动导向和市场经营绩效之间的关系提供借鉴。其次，基于资源基础观的观点，企业可以利用资源创造并获取更多优势，形成企业独特的核心竞争力。借助互动导向战略，家具制造企业可以了解并掌握诸多机会，如与市场沟通的机会、了解市场的机会、改造产品的机会等，这是企业难以获得的知识资源来源。

家具制造企业通过和顾客互动实行定制生产，吸纳顾客参与创新，为自己创造一个了解市场和改造产品的机会，企业获取重要的信息和知识资源。企业仅有资源是不够的，还要根据外部的影响变化有效地将资源加工利用，转化为企业独特的资源。这种资源是非互动导向型企业难以拥有的，是不能简单地用语言文字直接传递的显性知识，是家具制造企业市场制胜的法宝，企业通过和顾客互动，获取知识并整理利用，从而提升核心竞争力。

6.2 研究对策

6.2.1 建立家具制造企业顾企战略联盟

互动导向是站在企业的角度，认为企业应该从战略上管理与顾客的互动。这为企业与顾客建立战略联盟提供了良好建议。家具制造企业内部不缺少有才华的设计师，也不缺少好的创意。甚至，有的家具企业会抄袭他人的设计思路，稍加变化，就堂而皇之地搬上了自家台面。还会美其名曰"独创技术""工匠设计"。所以，市场呈现出的是雷同度极高，缺乏真正考虑顾客使用习惯，满足顾客价值的设计。显然，定制并不是标榜而出的。一方面，企业产品要在纷繁复杂的局面中有自己的个性，能够脱颖而出；另一方面，家具制造企业的产品一定是在满足顾客独特需求以及顾客体验的基础上，对于顾客个性体验和产品可视化要求的市场转化。事实上，国内家具企业在没有众多固定设计师甚至没有设计师的常态下，以为单纯依靠设计师的才华和灵感，依靠企业的内部知识链就能够创造企业价值。

现代企业必须依靠企业内部知识和外部资源的合作才能应对市场竞争，实现共赢。家具企业的学习模式必须由线性模式向联合中间组织组成中间组织链的转变；由单纯依靠企业的物力、财力的物质性产业内分工竞争，向知识性产品内分工合作转变。家具企业需要通过与供应商、客户甚至竞争对手建立战略联盟、产业联盟和价值星系等中间组织形式，依靠中间组织的知识链获取竞争优势。与经销商建立战略联盟，实现战略协同一致和双方的互利共赢。

6.2.1.1　构建与中间组织的知识链联盟

家具制造企业可以作为整体与其他企业联盟，企业内的某一个单位可以单独与其他企业的整体或某一单位建立知识联盟，家具企业内的某几个组织也可以结合起来组建团队型跨部门任务小组作为企业的一个部分与其他企业建立联盟。激活启动中间组织成员之间的合作关系，促进中间组织的知识链的演化形成，如图6-1所示。

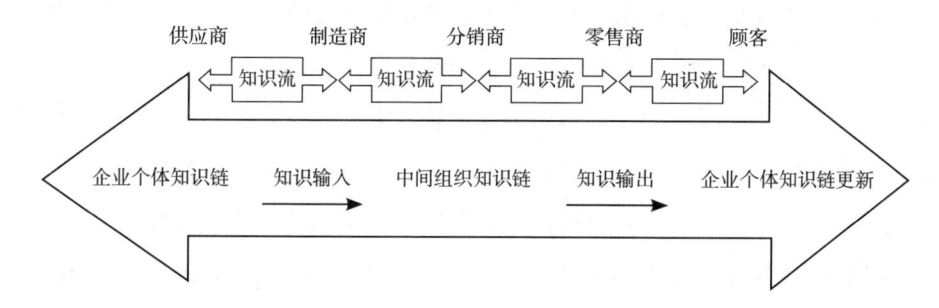

图6-1　中间组织知识链

家具制造企业可以从以下几方面入手：

第一，关注经销商、终端顾客的意见，基于标准化和云平台上的设计。

家具企业要明确顾客需求，运用软件公司独有的数码软件进行设计。市面知名定制家具企业主要运用的是"橱柜销售设计系统""衣柜销售设计系统"乃至全屋家具设计系统。通过软件的配合，设计师的作品能更直观地显示在顾客面前。尤其VR技术的引进，通过虚拟与现实的展示应用，为企业实现各种创新的构想，在销售设计环节提升顾企互动水平，降低顾客消费的不确定性，最先吸引和保留潜在顾客，减少组织顾客和终端顾客的流失率。

第二，借助数据挖掘，总结共性，提升企业规模与层次。

实力强大的家具定制企业通过软件设计和软件销售，积累了大量的数据资源，甚至成为数据库。各种家具的模块设计样板以及结构设计等应有尽有。有的企业在该基础上，深入市场，在主要市场参看样板间、房源，进行实地设计，并录入设计库，建立"房型库"。这可以对不同功能的家具有较深的了解，并针对顾客的需求快速制订设计方案。

这样，按照顾客需求设计的定制方案就有据可依，绝不因设计师个人主义风格而随意变更，相对而言，设计也有"标准"，是"经验总结＋个性选择＋局部更为适合、独特的设计"。在此基础上，企业可以做到一箭双雕：既满足了顾客的独特设计需求，又丰富了企业数据库。企业通过与中间市场和终端市场的现实顾客和潜在顾客组成知识联盟，持续地挖掘顾客需求，提升企业的知识积累和市场匹配度，完成企业个体知识链的更新，进而促进知识在中间组织的流动与传递，也间接丰富和完善了企业知识库储备。

因此，依靠良好的市场经验，在经销商反馈意见的影响下，在顾客意见的基础上，设计师再给出具有建设性意义的改良设计。另外，家具企业的设计师范畴有必要拓展。这里的设计师绝不是传统意义上的专业个体，而是扩展到涉及整个产品生产过程的团队：销售代表、服务代表、客户、经销商等偏客户端的人员都是企业设计灵感和市场信息的提供者。尤其对于客户端而言，积极加入企业价值链创造，是家具生命周期中不可缺少的一环。这就在家具制造前期将产品与顾客需求配置相匹配，避免了后期加工或者设计成型后的重复修改，或者返工导致的成本增加和工期延长等问题的出现。企业做到了敏捷开发和快速响应，缘于设计过程从一开始就对家具定制的模块化设计、敏捷制造和流程重组进行细致的考量。

家具制造企业不乏好的创意，但缺乏密切联系顾客需求的概念，缺乏将市场信息和顾客信息转化为企业知识来源和思路的有效联结。家具制造企业要懂得在既有想法和思路文案的基础上，引进顾客的要求进行再创造，将顾客信息转换为企业的决策依据。从尺寸、款式、颜色、功能、预算等多方面满足顾客的存在感和参与感等体验需求。

6.2.1.2 进行良性互动管理

家具制造企业通过与经销商制定合作协议，与经销商共同开展培训和提供特定服务，扮演好客户的"资源贡献者"和"共同生产者"的联盟角色。

第一，注意经销商的销售态度变化，厂家和经销商改进家具产品质量，提高家具产品适应性，经销商才会和供应商同心协力，大力地共同推广产品。

第二，制造商要选择同自己实力相当的经销商，这样才能方便以后销售政策的执行，才能相互牵制，彼此忠诚合作，产生良性互动。

第三，供应商要对经销商的销量投入同等关注，明晰经销商的产品诉求。

第四，供应商要按照经销商的规模和市场实力进行任务委派，在制订销量计划时，要按照经销商既有的销售额度和销售规律进行布置。对于企业的经营目标和分销目标是否实现，要联合经销商的销售额度进行比照和分析。总之，双方进行持续的良性互动是巩固双方信任的重要途径。

第五，对经销商进行需求管理，企业要有专业的岗位职员和经销商进行沟通管理，并且要设置相应的媒介和平台。只有充分了解经销商，才会有效地管理经销商，才会有良好的基础进行持续互动。

第六，适时开展经销商培训工作，一方面，制造商通过培训工作可以向经销商传达本企业的经营政策及销售策略，企业和品牌文化等；另一方面，制造商可以对经销商进行产品知识的辅导，帮助经销商了解产品的用途、卖点等。

通过互动，家具制造企业将从顾客处获取的知识转化为生产力，改善自己的定制水平。这样，在产品质量过硬的前提下，中间经销商才更愿意推销制造商的产品。因此，当中间组织顾客作为经销商回归服务行业时，才会主动扮演以下三种角色：①企业的宣传者，来自组织顾客的忠诚；②服务的共同创造者，来自与组织顾客的合作；③企业的咨询师，来自组织顾客的参与（Bettencourt，1997）。

6.2.2 构建家具制造企业顾企互动关系路径

前文研究发现，互动导向主要通过定制能力从整体上间接影响企业绩效（如图5-7互动导向对企业绩效间接影响的非标准化路径图和图5-8互动导向对企业绩效间接影响的标准化路径图所示）。从企业内部来看，互动导向主要通过影响关系绩效间接改变企业盈利绩效（如图5-11互动导向对企业绩效内在影响的非标准化路径图和图5-12互动导向对企业绩效内在影响的标准化路径图所示）。这充分说明了两个问题：第一，在当今互联网时代，互动与响应、定制、顾客参与、价值共同创造等不密不可分；第二，不能忽略我国顾企关系建立的路径：先有关系，再有交易。

6.2.2.1 识别组织市场中有价值的客户

家具制造企业要注意吸纳和维护最具价值的客户，善于将有价值的组织顾客转化为企业的战略资源。通过授权给客户足够的权力，接收客户提供的可靠的市场信息，以形成对于市场有效的预测，促进利润提升。通过评估组织顾客，企业获得更多的市场知识，市场知识是企业卓越市场绩效的重要来源。对于家具制造企业而言，企业要通过市场信息发觉企业的不足，发掘市场机会、洞悉市场机会并及时改造企业。市场营销相关部门要权责明确，分出客户意向层级，锁定有获利倾向的目标客户群体。

家具制造企业还应该增强渠道鉴别力。无论是传统渠道还是现代渠道，不同渠道的目标人群不同，想要获得的渠道利益也相差很多，其进入和经营成本也不尽相同。企业要能分析企业渠道层级，分析各种组织顾客成分，识别组织顾客的期望，促进双方的共赢。

6.2.2.2 完善平台以支持互动

从根本上说，定制是一种差异化经营战略，它满足消费者对于差异化和不同价值的产品选择。供应商企业必须逐步摆脱以"自我为中心"的产品开发观，在充分认识客户独特创新优势的基础上，强化组织学习导向和提升组织学习能力，努力提高自身的创新能力与产品开发水平，以便逐步提高对顾客要求做出及时而有效反应的能力。

家具企业在价值共创的前提下，互动平台的选择和互动方式如下：①采用对话、准入、透明和风险回报评估的方式与顾客互动，评估中间组织价值；②借助各种手段和方式融入顾客情境，比如内部期刊、沟通软件、定期会议等；③注意情感营销，不能只关注自身的利益和市场利润，还要和经销商形成战略联盟，定期会晤考核经销商的收益，公平真诚对待经销商，促进双方的信任和感情交流；④重视经营水平较高的领先顾客的加入，将内部资源和外部资源整合，发挥企业核心竞争力。

6.2.2.3 培养客户忠诚

第一，家具制造企业离不开客户的意见，是尊重组织顾客建议的一种现代生产方式。企业和客户沟通，其优势产出的成果已经凸显。但是如何沟通就成为企业需要积极思考的问题。在多大层面上沟通，就哪些问题进行深层次沟通，如何平衡深度和广度的问题，才能收集准确的信息，促进企业制造家具符合市场主流要求，提升企业的产品开发绩效和时间绩效是值得探讨的。企业通过有实质意义的沟通互动，可以促进业务往来和同化企业文化，通过培育双方的情感交流获取信任和支持，培养顾客忠诚。

第二，供应商要关心经销商的渠道绩效实现情况。现代经营是共赢理念支配下的多方受益。对于家具企业经销商，必须联合中间的渠道商，关注企业的客户关系管理。及时发掘市场变动和企业机会，与经销商形成经营共同体，高度重视经销商的收益，企业才会赢利。企业尤其要改变算计性承诺，更多地从共赢关系中思考，改变固守自我套路，加大互动参与的实施和布局，用信任聚拢客户。通过客户搜集市场信息和知识资源，推陈出新占领细分市场，满足客户价值，在同行经销商中提高正面口碑，吸引更多客户与企业共同经营获利。

第三，家具制造商必须把握与经销商之间的关系。家具制造企业要在平等互利的基础上与渠道商交往，将顾企关系由各自独立的关系转化为利益共享的关系。与经销商建立相互信任、长久合作的战略伙伴关系。平衡双方的算计性承诺和规范性承诺，企业在经营过程中要注意情感投资，逐渐将单打独斗的双方个体平衡为相互尊敬和信任的稳定合作关系，直至形成命运共同体。这样，既能满足客户的既得利益，又能获取客户的满意和忠诚。

6.2.3　加强基于过程的企业间价值共创管理

研究表明，互动导向中顾客观念的作用最突出。这给企业以启发：家具制造企业要重视客户的价值创造管理。

6.2.3.1　明确家具制造企业资源整合的必要性

家具制造企业竞争的根本是抢夺有限的资源。企业要想实现基础资源的放大，必须借助外力，整合包括知识、专有技能和信息等有形或无形资源组成的创新资源，整合包括关系、品牌、制度、社会资本、声誉、渠道等无形资源组成的高位资源，即：企业管理者必须跳出固有的圈子审视自己的现状，在全局意识和网络意识中，用关联的观点审视自己。将企业存在的视野从"个体"的存在转向"供应链成员"的存在，进一步转向"商业关系网络节点"的存在。家具制造商和家具经销商双方对价值共创的结果"共创价值"的分配，这种价值是双方应用能力对资源进行转化的结果——生成了新资源（"资源生成"）。

该过程符合美国学者瓦戈和卢施（Vargo & Lusch）的观点"企业和顾客在资源整合和能力应用的相互作用中共同创造价值"。

家具制造企业要明确，自己想借助的高阶资源大量地来自和商业关系网络里其他顾客企业的互动。因此，企业应特别重视通过重新配置关键资源（如时间、投资、技术能力）来优化自己的商业关系网络。成功的定制企业是一个优秀的资源整合者，它善于通过选择、筛选、吸收、调配等手段激活组织内部和外部资源，促使企业变得更加系统化并获得更大的企业价值。

6.2.3.2 重视经销商的价值创造

家具制造企业的重要合作伙伴是自己的经销商，只有经销商帮助自己把产品推向市场，推向终端顾客，企业的价值才能通过产品价值升值实现。维意品牌的观点是"经销商赚钱了，说明有客户，有了客户维意才真正发展起来"。这是典型的 B2B2C 模式。家具企业利用自身的资源优势获得价值固然是企业创造价值的一种重要方式，但如今在企业个体、组织间、企业个体与组织之间的关系越来越紧密的情形下，家具制造企业与其他组织和个体共同创造价值成为一种越来越实用的价值创造方式。

资源是否能产生经济价值取决于与其他资源的整合方式，家具制造企业必须通过互动平台获取更多的外部资源。这就是"资源投入→资源转化→资源生成"路径。经销商和制造商互动的资源投入，借助双方网络节点建立互动平台，生成的双方获利的价值结果才是企业价值资源的生成。

维意品牌欧阳熙的观点是"我们找加盟商，借助的除了他们的资金外，还有当地的一些地缘优势。钱不能一个人赚完。现在的社会是大家一起分享市场，共同赚取利润，包括我们的上下游、供应商、加盟商这些，都需要整体供应，大家共同去降低成本，减少消费者的支出，但是每个人都必须实现各自的利益"。在实施企业间价值共创中，企业管理者应特别重视组织间关系这种无形的战略资源的作用，以促进双方获取更大的价值。2009 年 8 月，获达晨创投 7000 万元投资的维意定制依然将加盟作为连锁发展的主要形式。对此，欧阳熙的观点是"厂商合作才是资源整合、效益最大的经营方式，我们要谨守自己的边界，让加盟商发展起来，成为我们未来坚强的合作伙伴"。

6.2.3.3 基于三阶段的价值创造管理

如何加强和经销商的互动是家具制造企业要思考的问题，如何实行全过程的价值创造值得思考。基于过程的价值创造管理还称为阶段性企业间价值共创，它是指企业和战略性合作对象开展的短期价值共创活动，分为前、中、后三个阶段。

（1）价值共创前的管理：辅佐经销商并达成共识

企业价值共创前的管理重点和主要内容在于合作伙伴的选择。其选择的原则是：根据企业的发展需要综合考虑双方的"资源互补性"和"共同价值观"。在家具定制连锁加盟业界，一个共同的问题是，除非你的品牌特别强势，否则，加盟商作为独立的经营实体往往不太愿意服从厂家的管控或者在执行能力上存在很大问题，直接造成企业的思路、政策和成功方法无法在加盟商的店里得到有效复制。毕竟指挥别人的腿脚向来没有指挥自己的高效、协同。

家具供应商对渠道经营商进行有效管控的前提是丰富自身渠道权力，掌握渠道话语权。根据渠道权力的资源特性这一本质属性得知，提升渠道权力的根本途径是在相应的权力构成要素上加大资源投入，利用家具制造企业对于产品工艺、加工、产品参数等专业领域的专家权力，传授指导经销商。

在 B2B 情境下，知识、技术、专利等硬性权力对企业的长期盈利产生重大影响。供应商专家权等软性权力的运用给顾客企业带来的直接利益虽然不是很大，但它具有"四两拨千斤"的效果，是有利于顾客长远利益的。仍旧以维意为例，维意定制采取的是一种叫"准直营"的加盟体系，就是针对上述问题进行的管理创新。这是因为在早期维意发现即便吸引 200 家加盟商，但是如果管理、服务跟不上，业绩也很难持续向好。所以，维意定制把自身独有的"传帮带"的文化传递到加盟商。加大自身的知识专家权力的投入，识别不同组织顾客的需求，制定合理的营销任务；区别不同层级经销商的利益。比如 2011 年，维意推出一个重大举措，新的加盟商在当地开设专卖店，维意都会在前 3 个月派"330"团队直接驻店，帮助经销商进行 2~3 个月的经营，以便让加盟商真正按照直营的模式进行运作，尝到直营模式带来的甜头。这相当于不但授予品牌、培训、模式，还派出维意"特种部队"带领新的加盟商团队实现有效运作，做到供应商对于经销商的服务到家。

深挖维意定制对于加盟商的辅导，实质是在做一种企业价值观资源的传导，是双方协调价值观念和企业愿景的过程。这就是家具定制企业和经销商的共识。研究显示，双方间的共识与关系呈正比关系，双方达成的共识越多，双方的交往意愿越明确，双方发展关系越和谐，随即形成良性循环，双方也愿意再投入。这就促进双方在价值观念、行为方式和管理规范上的统一与认可。

（2）价值共创中的管理：巩固双方协作

家具制造企业双方在共同愿景和价值观统一的前提下，企业方如何持续获得市场信息，进而转化成企业的竞争优势尤为必要。该阶段要注意保持形成良好的沟通机制，创建共赢局面。企业要有针对互动导向，获得重要价值信息的专项资金，该投资可以帮助企业获取战略性资源，通过双方资源的转换和交往，形成双边稳固关系，巩固强化双方依赖交互关系。

第一，共同制订销售计划。按照不同渠道商的层阶和效率制订切实可行的销售计划。供应商的年度销售计划要和经销商捆绑，合理预测市场份额。

第二，按照合同明确的执行活动。供应商与经销商之间建立良好的沟通体制是供应商对经销商进行互动管理的重要组成部分，要实行信息共享和交换，相关活动要有章可循。

第三，对经销商进行需求管理。在实际走访中，很多销售人员表示，一年也看不到几次企业负责人。这是反映何种需求信号呢？是经销商需要被重视、被尊重的感觉，而不是单纯的代理关系，希望双方能像一家人一样形成利益共同体直至命运共同体，希望提高双方的关系质量。因此，家具企业的专员要定期走访客户，对于客户需求及时解决。

（3）价值共创后的管理：公平分配共创价值

在事前和事中的管理阶段，始终明确的是家具制造商和经销商的利益共享。利益是供应商和经销商合作的重要纽带，共同获利是双方的经营目标。因此，双方关系不是简单利用的关系，尤其对供应商而言，要关心经销商的收益。

双方应该按照约定合理分配价值。这体现了家具制造企业的绩效奖惩及顾客价值管理，是企业间权力制衡的结果。在实际调研中可见，很多员工对于企业的绩效兑现格外关心。除了人本身的欲望外，也是企业间权力失衡的一种表现。制造商在销售业绩标准的制定方面有绝对的主动权,所以经销商的压力巨大。又因为经销商与消费者联系最紧密,什么样式好卖,什么材质受欢迎,什么品牌有优势,往往是经销商最了解的,相对而言,家具制造商却沉迷于自己的设计师大作,或是扰乱市场调研乱抄袭,不按照南北差异提供家具样式,不按照客户的实际能力和地缘情况布置任务,导致企业的经营绩效不佳,经销商压力巨大。分配不公的初始原因缘于上述信息不对称以及企业间权力失衡。因此,价值分配原则应该遵循:按照实际贡献进行价值的合理分配,且适当向权力劣势方倾斜,这样会平衡企业间权力的缺失。

6.2.4 提升基于互动导向的家具制造企业定制能力

结论显示,互动导向主要通过定制能力从整体上间接影响企业绩效,并且,定制能力中敏捷开发和流程重组的作用明显大于模块设计。这些结论证明了家具定制能力对于企业绩效的影响作用。并且,主成分分析中重点强调了敏捷开发和流程重组能力。下文重点分析如何提升敏捷开发和流程重组能力。

6.2.4.1 **敏捷开发能力方面**

大规模定制指导思想核心是:减少家具产品内部多样化、增加家具产品外部多样化。企业要关注家具产品内部格局和外部加工过程两方面的优化。对制造系统以及产品进行优化,这里分析的是家具定制产品加工过程中时间维的优化问题。

家具定制的敏捷制造包括新产品开发和快速变型设计两个环节。新产品开发阶段主要针对现有的客户群进行分析,对潜在客户的需求进行预测判断,建立初步的产品模型和设计。对可能产生的需求提前准备,形成完善的变型机制,为快速响应个性化客户需求提供必要准备,对产品加工及时准时,减少出错率,对于集中订单加工能够全面应对,继而完成企业的短期经营目标。

(1)产品开发设计

产品开发过程实际就是快速响应客户订单的过程。家具企业可以借鉴四个方面的做法:①客户需求的获取、管理与分析。主要通过并行技术、系统化设计、结构模块化设计、拟实型产品设计,获取顾客需求,提升顾客满意度,缩短周期,降低开发成本。②家具产品信息建模。③产品族匹配。通过家具产品族和产品结构的相似性,通用性原理,应用标准化等方法,建立特征相似的产品（族）及模块实例库，从而为产品开发提供可选择的方案。④产品决策及评价。对可变形的产品模型进行评价分析，从获得客户青睐的产品中择优开发和推广。

（2）快速变型设计

快速变型设计阶段显而易见，针对现有的顾客未被满足的需求，集合现有的产品族结构和设备配置，快速响应顾客的定制需求。这种新产品开发阶段与快速变型设计阶段的分离有利于提高产品对市场变化的适应能力。

家具制造企业通过了解顾客需求的痛点，从经销商处收集市场消费趋势信息和顾客偏好信息，按照顾客价值区分满足最大共性消费特征的消费需求，加速产品面世速度，实现消费者的顾客价值，提升家具定制产品的交货期、质量、价格和服务等因素组成的整体竞争力，促进企业经营绩效的提高。

6.2.4.2 流程重组能力方面

家具制造企业的流程重组主要包括定制信息的沟通传递以及对整个流程问题的及时解决。家具企业通过了解顾客需求能力与流程重组，直接改变产品特性的开发、设计流程，确保自己的员工和生产工艺能够很快适应并卓越执行新的营销管理模式，实现家具企业的业绩提升。这里主要从四个方面进行阐释：

（1）准确获取顾客需求

理解自己的顾客群及其要求。对于家具制造企业而言，无论是组织顾客抑或终端顾客，经常不知道如何表达自己的需求，他们的知识转移有较大的黏性（stickness）。企业要帮助顾客表达自己的见解，用自己的专业知识优势帮助顾客解决问题，能站在经销商和代理商的角度分析和获取新的顾客。

将自身从产品设计到实现订单的业务流程根据客户需求进行重组，使其快速并保持成本更低，并使自身的产品和业务流程更加柔性化和模块化，实现通过选择和操作所需产品和流程的单独模块来满足客户的需求。

（2）生产流程改进

生产流程的改进反映的是企业应用外化知识的过程。知识只有同化为组织的一部分，才算完成知识转移。

业界普遍认为，家具制造企业应该作为知识型企业的存在。原来对于家具行业简单的"木匠"认知理念已经过时。现代家具定制企业已经显示了强大的科技动力。以索菲亚为例，2015 年公告以自有资金出资 1530 万元与上海明匠智能系统有限公司成立合资公司，共同打造世界一流的大家居行业高端智能制造技术的龙头企业。

近日索菲亚启动非公开发行，募集资金用于数字化生态系统（"互联网+"）平台升级、信息系统升级改造、生产基地智能化改造升级等项目。这样，企业通过外力，能及时调整产品加工次序满足顾客特别的定制需求，并优化流水作业，解决定制中的生产难题。对于突发事件、返厂等问题，企业也会利用高度的信息化操作技术迅速解决，并且采取措施对于顾客的非标准化定制要求给予解决。

据此，家具企业和价值链中的所有组织组成了合作伙伴关系，与各个组织也结成了知识链。在大家居改造的过程中，一方面是先进科技类组织的助力，另一方面是与经销商组织结成联盟，及时将市场的信息反馈给企业，促进企业的知识链中不断流动的知识随时都处于不断更新的状态，企业通过不断从外部知识网获取新的知识，结合自身具备的各种知识，创造出新知识、新技术、新产品，并把这些新知识、新技术进一步用于生产，必将产生出新的更大的收益，实现企业有形以及无形资产的巨大增值。

（3）业务流程改进

家具的大规模定制相比于个性化生产，需要不断积累顾客个性化需求转化为企业内部的可以控制的元素，逐渐将顾客的个性需求内化为企业模块化集成和迅速生产的能力。因此，企业基于顾客体验的视角，一方面，引进先进的敏捷柔性生产线，采取精益生产和敏捷制造技术，生产个性化水平较高的家具产品；另一方面，企业借助营销优势，及时收集和总结市场信息，依靠生产管理信息系统，高效完成产品的设计加工。这样，企业通过内部与外部信息的结合，各个部门的沟通与合作，提升自己的设计、生产、物流等水平，在满足市场需求、扩大产能的同时，又无须垫资生产，形成企业现金流的良性运转，既避免了企业的盲目投资，又节省了运作成本，继而提升企业的经济收益。

企业还要注意提高顾客满意度，提高生产流程和售后安装的连贯性。这些也需要企业和经销商互动，各流程连贯，紧密追踪订单，不断提高售后服务质量。例如宜家家居，顾客的个性化需求可能只是简单的家具配件的重组，但是其具体实现却很大程度上依靠企业的经营效率和产品质量。另外，对于突发事件能及时解决，比如混合排产，产品加急和损坏维修等，对于顾客的非标准化产品要求，可以适当地调节和改良，尽量满足消费者的经济实惠和空间适用的要求。对于顾客的定制信息能通过综合信息平台进行沟通，进而加强企业的跟踪控制能力和信息共享程度。

业务流程改进能更好地明确顾客需求，通过改进产品进而创造产品，提高产品的市场认可度与市场占有率。

（4）服务流程改进

家具制造企业要求产品走出同质化，差异化服务必不可少。它有助于形成口碑式传播，从而增加顾客忠诚。家具制造企业要建立顾客驱动机制，并进行顾客授权，快速识别顾客的个性化需求。所以，改进服务流程，重视和经销商的互动和来往，家具制造企业通过服务于经销商企业的角色定位和转换，市场督导人员才能及时将市场信息反馈给企业，提升企业的核心竞争力。

6.2.4.3 模块化设计能力方面

模块化设计对家具产品空间维的优化，目的是减少产品的内部多样化，实现家具的简化、统一化、最优化和协调化。模块设计能力包含在柔性制造能力中，通过改良促进家具产品品种数量的增加，有助于提升企业的长期绩效。

首先，借助科技信息技术进一步推动柔性制造技术的发展，从产品批次、批量、加工、机床、工序等方面进行柔性改造，满足家具定制顾客的产品差异化要求。

其次，家具定制客户订单随时可能到达，并属于不同的类型，交货期也各异，制造控制系统必须具有足够的响应速度以处理这些复杂问题。

综上所述，一直以来，学界和业界都认为客户学习是提升大规模定制能力的关键，两者相辅相成，大规模定制能力的提升有助于提高客户满意，促进客户学习。

家具企业应向外部客户进行定制化知识的互动学习，并且将定制信息成功扩散和应用。为此，中国家具制造企业要提高大规模定制能力，就纵向生产而言，应将外部学习中获取的知识迅速扩散到后续的产品开发，进行模块开发和调整，借助先进的沟通手段和联络方式，进行生产流程重组并且迅速敏捷地适应市场。就横向信息传递而言，将外部学习中获取的知识扩散到企业内部的其他部门和团队，进行业务流程的重组，兼顾外部学习知识的应用和创新，从而显著发挥内部学习实践对大规模定制能力建设的作用。

总之，家具制造企业要从战略实施的角度，重视企业外部学习和内部实践，进而促进能力建设，不断提升家具制造企业的定制生产能力，形成良性的发展循环机制，减小市场不确定性对于家具制造企业的影响，最终提升企业的市场适应能力和参与竞争的能力。

6.2.5 提高家具制造企业市场环境适应能力

研究表明，市场环境中竞争强度作用明显大于市场波动，这说明整个家具行业竞争激烈。价格战频发、相互模仿是常态，顾客产品偏好变化快，且代理商和企业间相互信任度低等问题一直被行业诟病。市场环境因素企业无法控制，企业唯有强大自己，专注自己业务的每个细节，才能适应外部的变化。建议如下：

（1）加强顾企信息反馈，建立信息化企业

家具制造企业可以通过人工或自动采集技术采集客户定制家具需求信息，并通过相关软件进行处理和集成，使信息在企业内部共享。能借助信息统计共性，借助关键指标进行市场预测，通过设计软件开发并构建家具产品或零部件标准化、模块化数据库，通过先进制造技术软件并结合先进设备进行快速和低成本生产，实现客户满意度最大化，提升企业的核心竞争力。企业信息化的实质是企业的经营销售和互动过程的全程可视化和数字化。因为信息从来都不是经济产出，只有企业把它以信息服务的形式融入产品后，产品包含信息化和体验化的特质，实现产品的升值。

（2）积极推进向服务型制造企业转变

对于家具制造企业来说，必须积极推进向服务型制造企业转变。这不仅可以解决当前家具产业面临的棘手问题，同时还可以提升产业层次。家具企业有必要改变以往只重视企业内部资源及能力，追求企业利润而忽视客户利益等问题，应转变经营理念，服务顾客和经销商。以客户资源为主的企业应充分利用外部资源，"把少数人的定制，变成多数人的生活"。加强企业与客户员工之间、员工上下级之间的交流。通过互动，系统地进行客户分析和管理，指导家具产品的开发，改进定制家具产品的形式和服务质量。充分挖掘客户资源，了解客户价值，依靠客户及时把握市场竞争环境，并且提升客户价值和顾客忠诚度。

（3）建立知识整合机制

家具市场日新月异，顾客的偏好和市场趋势不定，多数企业对于眼前复杂的境况感到无能为力。家具定制企业对于顾客的个性化需求也略感不安。来自于客户端和市场端的知识过于繁杂，既有反映消费者需求、行为和偏好的顾客信息，又有竞争者产品政策和对手战略的信息，还有行业内的一些干预信息。这种情况下，企业更需要开放的平台，在吸收信息的同时，利用企业内部的力量，将不同的信息归类和组合，转换为企业可以控制的或者生成企业内部的隐性知识资源。识别机会，把握机会，激发企业的市场潜能。这种知识整合机制，有利于将零碎的信息具体化，模糊的信息清晰化，促进企业的产品开发能力、创造能力和市场把控能力。

6.2.6 其他相关对策

（1）重视家具制造企业营销专业人才的培养

现代企业的营销专员以"80后""90后"为多，他们需要的是存在感和成就感。企业高管可以"传帮带"传承家具品牌的优秀经验，帮助他们实现营销管理全面跨越，以全局意识、战略意识培养家具人的企业责任感。笔者在走访过程中，某定制家具品牌的销售人员直言自己并不了解家具行业，其没有家具销售背景，这说明经销商在选人用人和培训方面出现了纰漏。除去用工荒等原因，建议供应商可以定期进行销售人员的培训和对接，在企业共同愿景文化的促进下，实现共赢是应该引起双方共识的问题。

（2）重视督导部的工作

督导部既不是营利部门，也不是服务部门，而是最典型的数据管理、评估检查部门。负责重要数据、重大项目的计划和执行检查，还负责对其他部门和员工进行执行力考评。他们善于从市场角度思考产品问题、管理问题，是其他部门无可取代的。遗憾的是，家具企业要么不设置督导部，要么形同虚设。如何完善企业的重要机构配置，确保职能部门发挥应有的作用，及时沟通供应商和经销商问题，反馈市场信息，是家具制造企业应该思考的问题。

(3) 回归家具定制的本质

从根本上说，定制是一种差异化经营战略，它满足消费者对差异化和不同的价值选择。要关注新一代消费者的精神需要和消费习惯，这些终端消费者是企业和经销商的服务对象。消费者要购买的是那些印有个性化特征的商品，是能够实现心理自主的服务，是能够创造自己、了解自己、成为自己的东西。这就需要企业回归定制的本质：不断创新以适应市场。唯有将从客户和顾客处获得的信息内化为企业知识，不断创新改良自己的产品，才会赢得市场。

(4) 第三方评估机构的公正介入

供应商和经销商相互选择的过程就是双方信任的开始。一般来说，实力较强的制造商都希望能找到网络资源丰富、实力强大的经销商，借助其先进、完备的销售网络迅速推广自己的产品。然而，现实中经销商与制造商的配合程度往往与本身市场竞争力成反比。强大的经销商甚至会阻碍制造商的发展。而拥有实力的制造商又难以找到合适的经销商。这样，双方都是在不确定的情况下进行选择，双方的利益诉求出现偏差也情有可原。国外的第三方评估机构已经很成熟，无论对于经销商抑或制造商，第三方都会有相对合理公平的评价。其有利于社会力量参与监督，增强社会组织评估工作公信力。对于家具行业而言，通过第三方评估机构专业的评估和公正的介入，制造商和经销商的矛盾会进一步化解，形成真正的利益共同体。

6.3 本章小结

本章结合前文获得了具体的研究启示以及提出了有效的解决对策。具体对策为：第一，从与中间组织建立知识链和进行良性互动管理两方面与客户建立战略联盟；第二，从识别有价值的客户和完善互动平台以及培养客户忠诚三方面构建了家具制造企业顾企互动关系路径；第三，从明确家具制造企业资源整合的必要性、重视经销商的创造价值、基于过程的三阶段价值创造管理三方面来加强基于过程的企业间价值共创管理；第四，为互动导向下的敏捷制造能力、流程重组能力、模块化设计能力三方面分析提供对策；第五，提出家具制造企业提高对市场环境因素适应能力的建议；第六，提出了其他相关对策。

结论

本书基于 B2B 组织间营销的视角，对我国家具制造企业进行了互动导向、定制能力和企业绩效关系的实证研究。主要以我国具有定制意向和定制行为的家具制造企业为研究对象，以互动导向理论为基础，以共创价值理论、组织间关系理论、大规模定制理论和资源基础观理论为支撑，对我国家具制造企业的定制化生产和顾企互动现状进行了分析总结，在借鉴前人学者的理论与实践研究的基础上，综合近年来国内外的研究成果，分析我国家具制造企业定制能力和企业绩效的主要维度，利用主成分分析各问卷问题在相应维度中的作用，在此基础上利用结构方程模型探讨各维度在相应类别中的影响以及各类别之间的相互作用。

通过上述研究，主要结论如下：

第一，通过对我国家具制造企业的实证分析，发现互动导向对于企业绩效而言，主要通过影响关系绩效间接影响企业盈利绩效，这也是本研究的创新之处。之前欧美主流的研究只是单纯地得到互动导向对于企业绩效有影响，没有具体区分基于顾客的关系绩效的影响和基于顾客的盈利绩效的影响孰轻孰重。本研究的结论和主流欧美研究吻合的同时独辟蹊径，得到了家具制造企业先影响基于顾客的关系绩效进而影响企业的经营绩效的结论。这说明家具制造企业制造商要积极探索和实时关注客户的需求和偏好，树立创造顾客价值以及提高顾客满意度的企业文化，这是组织应对复杂多变的市场环境，获取竞争能力的必然途径。

第二，本研究结合对我国家具制造企业的实证分析，发现互动导向主要通过定制能力从整体上间接影响企业绩效，这也证明了"导向→能力→优势（或绩效）"的研究范式，即打开了家具制造企业如何通过互动导向提升企业定制能力和经营绩效的"黑箱"。家具制造企业吸收外部资源，依靠顾客资源与组织内部团队行动的动态联结，促进企业将外部市场上学到的知识转化为企业可以识别的信息，生成企业产品开发的生产力。这种由"外"到"内"的过程是企业将多种资源整合的过程，尤其对于家具制造企业来说，是将外部知识信息内化为企业的竞争优势和独特资源的过程。这给家具制造企业带来重要启示：企业采取的顾客导向行为不能简单地被视为企业要发现、理解和满足顾客的显性需求和偏好，而应该基于行业生命周期角度进一步挖掘顾客需求，引领或驱动顾客的消费行为。只有不断地推陈出新并紧密跟踪现有及潜在竞争对手，企业才能在激烈的竞争中拥有自己的市场份额，甚至脱颖而出。

第三，实证分析还发现，市场环境对企业绩效的影响主要通过间接影响互动导向和定制能力实现。这说明，家具制造企业能否及时地适应宏观环境的变化、外部因素的影响对于企业也很必要。我国中小规模的家具定制企业拥有的资源十分有限，企业要善于发现非研发创新活动的资源，如个性化定制、设备和技术引进、渐进式改良等，善加利用市场的外部资源，提升自己的开发创新能力。企业要注意的是，利用研发能力开拓创新是提升企业核心竞争力的根本。而家具定制企业以中小企业为主，企业要用动态发展的眼光思考和发现问题，在波动的市场环境和激烈的竞争中，恰恰将变化的顾客需求转化为企业发展的先机，利用非研发创新出奇制胜。

第四，我国家具制造企业市场环境中竞争强度作用明显大于市场波动，定制能力中敏捷开发和流程重组的作用明显大于模块设计，互动导向中顾客观念的作用明显大于互动授权和价值管理。为我国家具制造企业如何掌控互动导向、定制能力、市场环境因素等提出建议，前文已经论述，具体不赘言。

本研究的局限和研究展望如下：

①未从动态能力观的角度对样本企业进行跟踪观察、比对。取得的数据是通过调研获得的当年的截面数据，不是持续观察调研获得的连续数据。因此，如果采用纵向研究方式，向同一群体按照不同时间段持续收集调研数据，并结合时间序列分析，对于整个家具行业的发展可以进行持续跟踪和研究。另外，调研的对象是家具营销组织，区别于终端顾客的个体调研，样本量有限。

②本研究对于自变量、中间变量和因变量的关系进行了实证研究，同时就互动导向对于家具制造企业的定制能力和企业绩效的关系进行了实证分析。但

是，由于国内外相关资料的缺乏、自身研究能力有限，本研究未能对各维度的相关机制进行更深的实证检验。比如顾客价值管理如何干预企业的模块化制造水平，进而影响基于顾客的关系绩效和盈利绩效等。另外，由于客观条件的限制，加之对于企业间营销有关问题进行调查，本研究的调研对象集中在哈尔滨地区，样本数量有限，因而，在普遍推广和应用本研究成果时还应该保持一定的审慎态度。

③未来的研究方向可以是基于供应链的角度进行供应商和顾客的双向配对样本的研究。从供应商和组织顾客两个不同的视角收集数据，验证互动导向对企业定制能力提升以及企业绩效所产生的差异性影响。双向调研的结果对于研究问题的代表性和全面性更有说服力。

总之，从互动导向和企业绩效研究来看，我国开展的实证研究不多。本研究以我国家具制造企业为对象，结合理论和实证研究，得出了若干基于互动导向的家具制造企业定制能力和企业绩效的关系研究结论，并提出了进一步优化家具制造企业互动导向下的企业定制生产、增进顾企关系以及企业盈利绩效的若干建议和对策。

参考文献

［1］李志仁. 加速供给侧结构性改革为市场提供高品质木工机械产品［J］. 木工机床，2016（1）：1-5.

［2］葛育祥，忻国能. 面向科技服务型企业的信息能力研究［J］. 科技进步与对策，2011（22）：123-127.

［3］薄洪光，潘裕韬. 支持过程协同的敏捷化制造执行管理案例研究——以东北特钢集团为例［J］. 管理案例研究与评论，2013（3）：206-217.

［4］程强，顾新. 知识链管理研究进展与评述：基于知识活动的视角［J］. 情报理论与实践，2014（5）：124-129.

［5］彭艳君. 企业—顾客价值共创过程中顾客参与管理研究的理论框架［J］. 中国流通经济，2014（8）：70-76.

［6］Ramani Girish and V. Kumar. "Interaction Orientation and Firm Performance". *Journal of Marketing*，2008（72）：127-145.

［7］Rayport JF, Jaworski B J. *Best Face Forward*. Boston，MA： Harvard Business School Press，2005：18-80.

［8］Sirmon D G., Hitt M A., Ireland R D.. "Managing Firm Resources in Dynamic Environments to Create Value：Looking inside the Black Box". *Academy of Management Review*，2007，32（1）：273-292.

［9］Fine，L., "The Bottom Line：Marketing and Firm Performance". *Business Horizon*，2009，52（3）：209-214.

［10］Rustand Moorman. "Rethinking Marketing". *Harvard Business Review*，2010，88（1/2）：94-101.

［11］Wei Tung，Austin Rong-Da Liang&Su-Chang Chen. "The Influence of Service Orientation and Interaction Orientation on Consumer Identification".

The Service Industries Journal,2014,35(5):439-454.

[12] Oliver C."Sustainable Competitive Advantage:Combining Institutional and Resource-based Views". *Strategic Management Journal*,1997,18(9):697-713.

[13] Peppers D,Rogers M. *Managing Customer Relationships:A Strategic Framework*. Hoboken,NJ:John Wiley & Sons,2004:20-100.

[14] Shepherd D A., Zacharakis A. "A New Venture's Cognitive Legitimacy:An Assessment by Customers". *Journal of Small Business Management*,2003,41(2):148-167.

[15] Peng M W., Wang D Y L., Jiang Y. "An Institution-based View of International Business Strategy:A Focus on Emerging Economies". *Journal of International Business Studies*,2008,39(5):920-936.

[16] Shamdasani P, Keh H T., Chan K T S. "The Efficacy of Power and Influence Strategies in a Conventional Channel:A Singapore Perspective". *Journal of Business & Industrial Marketing*,2001,16(1):21-38.

[17] 吴兆春,于洪彦.互动导向与公司绩效模型构建——基于中国大陆的实证研究[J].企业经济,2013(4):40-44.

[18] 金永生,季桓永,许冠南.互动导向对企业绩效有多重要——基于模糊集的定性比较分析[J].经济经纬,2017,34(2):111-115.

[19] 冯文娜,刘如月.互动导向、战略柔性与制造企业服务创新绩效[J].科研管理,2021,42(3):80-89.

[20] 林杰,张小三.互动导向对新创电商企业绩效的影响——考虑价值主张转变的中介效应[J].商业经济研究,2022(16):131-134.

[21] 韩飞,许政.互动导向、创新意愿与创新能力[J].税务与经济,2012(3):6-10.

[22] 薛佳奇,刘婷,张磊楠.制造企业服务导向与创新绩效:一个基于顾客互动视角的理论模型[J].华东经济管理,2013(8):78-82.

[23] 杨艳玲,田宇.基于互动导向的主动改善对服务创新绩效的影响研究[J].管理学报,2015(9):1385-1393.

[24] 杨艳玲，田宇. 互动导向对新服务开发的影响研究——吸收能力和主动改善的中介作用［J］. 软科学，2015（10）：101-105.

[25] 沈景全. 互动导向、价值主张变化与新创企业绩效关系研究［D］. 秦皇岛：燕山大学，2017.

[26] 戴黛. 互动导向、网络直播与休闲农业企业服务创新绩效的关系研究［D］. 海口：海南大学，2019.

[27] 刘红. 制造企业互动导向对服务创新绩效的影响研究［D］. 长春：吉林大学，2023.

[28] 吴兆春，于洪彦. 互动导向与公司绩效模型构建——基于中国大陆的实证研究［J］. 企业经济，2013，32（4）：40-44.

[29] 于洪彦，刘容，郑道武. 基于价值共创理论的互动导向量表开发［J］. 营销科学学报，2017，13（3）：1-24.

[30] 于洪彦，王远怀，朱翊敏. 基于共创价值的互动导向前因变量与结果变量的实证分析［J］. 南方经济，2015（7）：77-92.

[31] 刘莉莉. 互动导向的驱动因素及对企业服务创新绩效的作用机制研究［D］. 长春：吉林大学，2022.

[32] 李光明，钱明辉，苟彦忠. 基于互动导向的体验营销策略研究［J］. 经济体制改革，2010（1）：69-74.

[33] 卫海英，杨国亮. 企业—顾客互动对品牌信任的影响分析——基于危机预防的视角［J］. 财贸经济，2011（4）：79-84.

[34] 田志龙，史俊. 互动导向的新兴产业政策决策过程研究［J］. 科研管理，2015（5）：139-148.

[35] 王晓楠，马向阳. 企业互动导向对品牌延伸评价的影响研究［J］. 经济研究导刊，2018，（25）：60-66，78.

[36] 桑红莉，田国双. 体验经济时代的制造业定制化问题分析［J］. 学术交流，2016（8）：152-156.

[37] Pine B J II. *Mass Customization*：*The New Frontier in Business Competition*. Boston：Harvard Business School Press，1992.

[38] Huang X，Kristal M M.，Schroeder R G.."Linking Learning and Effective

Process Implementation to Mass Customization Capability". *Journal of Operations Management*, 2008 (26): 714-729.

[39] Teece D. J, Pisano G, Shuen A. "Dynamic Capabilities and Strategic Management". *Strategic Management Journal*, 1997, 18 (7): 509-533.

[40] Schroeder R G., Bates K A., Junttila M A.. "A Resource-based View of Manufacturing Strategy and the Relationship to Manufacturing Performance". *Strategic Management Journal*, 2002 (23): 105-117.

[41] Peng D X., Schroeder R G., Shah R.. "Linking Routines to Operations Capabilities: A New Perspective". *Journal of Operations Management*, 2008 (26): 730-748.

[42] Wang C L., Ahmed P K. "Dynamic capabilities: A review and research agenda". *International Journal of Management Reviews*, 2007, 9 (1): 31-51.

[43] Pine B J II. *Mass Customization: The New Frontier in Business Competition.* Boston: Harvard Business School Press, 1992.

[44] Kotha S. "From Mass Production to Mass Customization: The Case of the National Industrial Bicycle Company of Japan". *European Management Journal*, 1996, 14 (5): 442-450.

[45] Tu Q, Vonderembse M A., Ragu-Nathan T S., et al.. "Measuring Modularity-based Manufacturing Practices and their Impact on Mass Customization Capability: A Customer-driven Perspective". *Decision Sciences*, 2004, 35 (2): 147-168.

[46] Huang X, Kristal M M., Schroeder R G. "Linking Learning and Effective Process Implementation to Mass Customization Capability". *Journal of Operations Management*, 2008 (26): 714-729.

[47] Wang Yi, Ma Hai-Shu, Yang Jing-Hui, Wang Ke-Sheng. "Industry 4.0: A Way from Mass Customization to Mass Personalization Production". *Journal of Advances in Manufacturing*, 2017 (5): 311-320.

[48] Huber G P. "Organizational Learning: The Contributing Processes and

Literatures". *Organization Science,*. 1991, 2（1）: 88-115.

[49] Kotha S. "From Mass Production to Mass Customization: The Case of the National Industrial Bicycle Company of Japan". *European Management Journal*, 1996, 14（5）: 442-450.

[50] Ruohonen M, Riihimaa J, Makipaa M. "Knowledge Based Mass Customization Strategies: Cases from Finnish Metal and Electronics Industries". *International Journal of Mass Customization*, 2006, 1（2）: 340-359.

[51] Wind J, Rangaswamy A., "Customerization: The Next Revolution in Mass Customization". *Journal of Interactive Marketing*, 2001, 15（1）: 13-32.

[52] Dellaert, B. G. C., Stremersch, S.. "Marketing Mass-customized Products: Striking a Balance between Utility and Complexity". *Journal of Marketing Research*, 2005, 42（2）: 219-227.

[53] Huang X., Kristal M. M., Schroeder R. G.. "Linking Learning and Effective Process Implementation to Mass Customization Capability". *Journal of Operations Management*, 2008, 26（6）: 714-729.

[54] Feitzinger E, Lee H L. "Mass Customization at Hewle-tt-Packard: The Power of Postponement". *Harvard Business Review*, 1997（75）: 116-123.

[55] Partanen J, Haapasalo H. "Fast Production for Order Fulfillment: Implementing Mass Customization in Electronics Industry". *International Journal of Production Economics*, 2004（90）: 213-222.

[56] Mac Carthy B, Brabazon P G, Bramham J. "Fundamental Modes of Operation for Mass Customization". *International Journal of Production Economics*, 2003（85）: 289-304.

[57] Essen A. "Balancing Standardization and Customization in the Public Elderly Care Setting". *International Journal of Mass Customization*, 2008, 2（3/4）: 324-340.

[58] Liu G, Shah R, Schroeder R G. "Linking Work Design to Mass Customization: A Sociotechnical Systems Perspective". *Decision Sciences*, 2006, 37(4): 519-545.

[59] Rungtusanatham M J, Salvador F. "From Mass Production to Mass Customization: Hindrance Factors, Structural Inertia, and Transition Hazard". *Production and Operations Management*, 2008, 17(3): 385-396.

[60] Badurdeen F, Masel D. "A Genetic Algorithm-based Approach to Design Minicells for Mass Customization Manufacturing". *International Journal of Mass Customization*, 2008, 2(3/4): 282-302.

[61] Huang X, Kristal M M. "The Impact of Organizational Structure on Mass Customization Capability: A Contingency View". *Production and Operations Management*, 2009(1): 1-16.

[62] Du, X., Jiao, J., Tseng, M. M., . "Modeling Platform-based Product Configuration Using Programmed Attributed Graph Grammars". *Journal of Engineering Design*, 2003, 14(2): 145-167.

[63] Jiao, J., Zhang, L., Pokharel, S., . "Process Platform Planning for Variety Coordination from Design to Production in Mass Customization Manufacturing". *IEEE Transactions on Engineering Management*, 2007a, 54(1): 112-129.

[64] Potter, A., Breite, R., Naim, M., Vanharanta, H., . "The Potential for Achieving Mass Customization in Primary Production Supply Chains Via a Unified Taxonomy". *Production Planning and Control*, 2004, 15(4), 472-481.

[65] Mikkola,J. H., Skjøtt-Larsen, T.,. "Supply-chain Integration: Implications for Mass Customization, Modularization and Postponement Strategies". *Production Planning and Control*, 2004, 15(4): 352-361.

[66] Salvador, F., Forza, C., . "Configuring Products to Address the Customization Responsiveness Squeeze: A Survey of Management Issues

and Opportunities". *International Journal of Production Economics*, 2004, 91（3）: 273-291.

[67] Coronado, A. E., Lyons, A. C., Kehoe, D. F., Coleman, J., . "Enabling Mass Customization: Extending Build-to-order Concepts to Supply Chains". *Production Planning and Control*, 2004, 15（4）: 398-411.

[68] Wang Yi, Ma Hai-Shu, Yang Jing-Hui, Wang Ke-Sheng. "Industry 4.0: A Way from Mass Customization to Mass Personalization Production". *Journal of Advances in Manufacturing*, 2017（5）311-320.

[69] Bateman, R. J., Cheng, K., . "Extending the Product Portfolio with 'devolved Manufacturing': Methodology and Case Studies". *International Journal of Production Research*, 2006, 44（16）: 3325-3343.

[70] Gek Woo Tan et al. "Web-based Sully Chain Management". *Information Systems Frontiers*, 2000（2）: 1.

[71] Franke, N., Keinz, P., Steger, C. J., . "Testing the Value of Customization: when do Customers Really Prefer Products Tailored to their Preferences?". *Journal of Marketing*, 2009, 73（5）: 103-121.

[72] Jiao, J., Tseng, M. M. "A Methodology of Developing Product Family Architecture for Mass Customization". *Journal of Intelligent Manufacturing*, 1999, 10（1）: 3-20.

[73] Rai, R., Allada, V., . "Modular Product Family Design: Agent-based Pareto Optimization and Quality Loss Function-based Post-optimal Analysis". *International Journal of Production Research*, 2003, 41（17）: 4075-4098.

[74] 赵黎明，郑江波. 大规模定制模式下供应链的研究［J］. 科学学与科学技术管理，2003（8）: 119-122.

[75] 夏德. 面向大规模定制的供应链机理与运作研究［D］. 武汉: 武汉理工大学，2005.

[76] 陈凌峰，王志强，周文慧. 建设大规模定制能力——基于供应链学习视角［J］. 科学学与科学技术管理，2013（10）: 161-170.

[77] 张育丹,李华.企业实施大规模定制的关键能力和策略研究[J].西安电子科技大学学报(社会科学版),2003(3):33-36.

[78] 贾滨.论基于企业能力的大规模定制[J].中国商人(经济理论研究),2005(2):62-65.

[79] 吴绍艳,杜纲.大规模定制下企业动态能力的构建研究[J].西北农林科技大学学报(社会科学版),2006(2):56-60.

[80] 安蔚瑾.面向大批量定制的企业定制能力评价及定制诊断研究[D].天津:天津大学,2009.

[81] 王艳芝,韩德昌.基于顾客自我效能的服务定制实证研究[J].现代管理科学,2011(11):24-26.

[82] 桑红莉,田国双.体验经济时代的制造业定制化问题[J].学术交流,2016(8):152-156.

[83] 郁航.用户参与大规模定制的价值共创——基于商品主导逻辑的双案例研究[J].吉林工商学院学报,2020,36(4):55-61.

[84] 史海青.动态能力与供应链弹性对大规模定制能力的作用研究[D].哈尔滨:哈尔滨工业大学,2022.

[85] 王永贵,洪傲然,郭笑笑,等.顾客定制:文献述评、整合研究框架与未来展望[J].系统工程理论与实践,2023,43(6):1686-1708.

[86] 邵晓峰,季建华.我国企业实现大规模定制生产模式的策略[J].上海企业,2001(4):34-36.

[87] 周晓东,邹国胜.大规模定制:竞争优势、实现条件和基本策略[J].工业工程,2003(4):8-11.

[88] 彭正龙,许学国.大规模定制模式下的组织再造研究[J].工业工程与管理,2003(1):9-12.

[89] 但斌.面向大规模定制的产品族功能性评价与选择方法[J].管理工程学报,2004(1):17-21.

[90] 战勇.大规模定制生产模式理论综述及实践应用[J].商业时代,2012(25):73-74.

[91] 熊先青,魏亚娜,吴智慧,等.大规模定制家具客户关系管理构建与应

用［J］.林业科技开发，2015，29（3）：64-68.

［92］甄杰，严建援，谢宗晓.在线个性化产品定制意向研究——基于独特性需求和TPB视角［J］.软科学，2017，31（4）：95-99.

［93］戴瑶，裴思愔.面向大规模定制化制造模式的快速换型优化方法［J］.扬州职业大学学报，2021，25（4）：25-28.

［94］王能民，王梦丹，任贺松，等.海尔人单合一模式：基于数据驱动的大规模定制［J］.工业工程，2022，25（1）：1-10，27.

［95］李明艚.面向大规模定制的A公司生产管理策略研究［D］.成都：电子科技大学，2023.

［96］胡景初.技术、产品、市场互动促进中国家具工业二次创业［J］.家具与室内装饰，2001（1）：13-15.

［97］李赐生.家具工艺、材料、结构与设计创新互动［J］.家具与室内装饰，2008（12）：24-25.

［98］邵敏捷.浅谈互动设计理念在家具设计中的应用［J］.科技经济市场，2015（4）：112-113.

［99］张继娟.面向即时顾客化定制的整体厨柜产品设计技术研究［D］.长沙：中南林业科技大学，2018.

［100］柏一秋.G定制家具公司的生产业务流程分析与优化研究［D］.南京：东南大学，2019.

［101］邝思雅，吴志军，杨元.用户体验导向下基于互联网的固装类定制家具设计创新链［J］.家具，2022，43（4）：108-112，92.

［102］崔晓磊，孙艳君，沈隽.家具大规模定制的发展背景及现状研究［J］.森林工程，2014（4）：77-81.

［103］林海，华毓坤，杨文嘉.论大规模定制的家具设计［J］.家具与室内装饰，2003（3）：56-59.

［104］林海，华毓坤，杨文嘉.家具企业实现大规模定制的途径［J］.南京林业大学学报（人文社会科学版），2004（2）：71-74.

［105］行淑敏，徐雪梅，陈健敏.大规模定制家具设计流程初探［J］.家具与室内装饰，2004（2）：20-22.

[106] 杨青海. 大批量定制原理与若干关键技术研究 [D]. 杭州：浙江大学，2006.

[107] 吕旭成. 基于大规模定制的办公家具企业生产组织研究 [D]. 杭州：浙江农林大学，2017.

[108] 张浩. 面向板式产品定制生产的组批与排样协同优化方法 [D]. 广州：广东工业大学，2019.

[109] 钱洋涛，关惠元. 板式定制家具工程信息化系统构建 [J]. 家具，2023，44（5）：112-116.

[110] 赵伟翔，钟世禄，葛思怡. 定制家具数据管理系统规划与前端设计 [J]. 家具，2023，44（6）：119-124.

[111] 齐建民，钟军. 模块化设计下的复杂产品成本测度研究 [J]. 中国石油大学学报（社会科学版），2013（3）：13-17.

[112] Vargo S L, Lusch R F. "Service-Dominant Logic： Continuing the Evolution". *Journal of the Academy of Marketing Science*，2008（36）1-10.

[113] 李春好，代磊. 基于敏捷制造理论的缺陷产品召回管理信息系统构建 [J]. 情报理论与实践，2013（8）：95-98，90.

[114] 章理建. 如何做好企业经营管理之我见 [J]. 商场现代化，2014（3）：114-115.

[115] 李朝辉，金永生. 价值共创研究综述与展望 [J]. 北京邮电大学学报（社会科学版），2013（1）：91-96.

[116] 曹红军. 企业战略性风险关键的风险因素构成及其显现趋势——基于中国企业样本的实证研究 [J]. 福州大学学报（哲学社会科学版），2013（5）：22-32.

[117] 钟振东，唐守廉，Pierre Vialle. 基于服务主导逻辑的价值共创研究 [J]. 软科学，2014（1）：31-35.

[118] Gronroos, C., "Service Logic Revisited：Who Creates Vsalue？ And Who Co-creates？". *European Business Review*，2008.20（4）：298-314.

[119] 刘琳. 价值共创背景下顾客知识共享机制研究 [D]. 秦皇岛：燕山大

学，2019.

［120］武文珍，陈启杰. 价值共创理论形成路径探析与未来研究展望［J］. 外国经济与管理，2012（6）：66-73，81.

［121］Oliver, C. "Determinants of Interorganizational Relationships". *Integration and Future Directions in Academy of Management Review*, 1990, 15(2): 241-265.

［122］李先国，王小洋. 渠道关系理论研究综述及发展趋势［J］. 经济学动态，2011（5）：94-97.

［123］王恒，赵峥，康凌翔. 组织间关系研究进展及我国跨组织合作有效生成机制构建［J］. 商业研究，2013（11）：99-107.

［124］Pine II, B. J., Victor, B., Boynton, A. C.. "Making Mass Customization Work". *Harvard Business Review*, 1993, 71（5）：108-118.

［125］MacCarthy, B., Brabazon, P. G., Bramham, J.. "Fundamental Modes of Operation for Mass Customization". *International Journal of Production Economics*, 2003, 85（3）：289-304.

［126］Bharadwaj, N., Naylor, R. W., ter Hofstadter, F.. "Consumer Response to and Choice of Customized Versus Standardized Systems". *International Journal of Research in Marketing*, 2009, 26（3）：216-227.

［127］Naylor, J. B., Naim, M. M., Berry, D., . "Legality: Integrating the Lean and Agile Manufacturing Paradigms in the Total Supply Chain". *International Journal of Production Economics*, 1999, 62（1-2）：107-108.

［128］Papadopoulos, T. C., Ozbayrak, M.. "Leanness: Experiences from the Journey to Date". *Journal of Manufacturing Technology Management*, 2005, 16（7-8）：784-807.

［129］Zha, X. F., Sriram, R. D., Fernandez, M. G., Mistree, F.. "Knowledge-intensive Collaborative Decision Support for Design Processes: A Hybrid Decision Support Model and Agent". *Computers in Industry*, 2008, 59（9）：905-922.

[130] Tien, J. M., . "Data Mining Requirements for Customized Goods and Services". *International Journal of Information Technology and Decision Making*, 2006, 5（4）: 683-698.

[131] 魏进.家具定制营销的流程［J］.企业改革与管理, 2007（1）: 38-39.

[132] 李先江.服务业绿色创业导向、低碳创新和组织绩效间关系研究［J］.科学学与科学技术管理, 2012（8）: 36-43.

[133] 魏楷林.资源基础理论研究导论［J］.商情, 2014（1）: 138, 88.

[134] 窦红宾, 王超, 李海绒.知识资本、资源获取对新创企业绩效的影响［J］.企业经济, 2013（1）: 47-50.

[135] Jay Barney. "Firm Resources and Sustained Competitve Advantage". *Journal of Management*, 1991, 17（1）: 99-120.

[136] 张书莲.市场导向与企业绩效——基于资源基础观的影响路径分析［J］.暨南学报（哲学社会科学版）, 2013（6）: 49-57, 162.

[137] Leonard-Barton, D. "The Factory as a Learning Laboratory". *Sloan Management Review*, 1992, 34（3）: 23-38.

[138] 刘东辉.制造业基于生产战略的先进制造技术选择［D］.秦皇岛：燕山大学, 2009.

[139] 张奇羽.中国家具行业市场状况［J］.新浪潮, 2004（3）: 68-69.

[140] 温越岭.维意定制：不一样的家具品牌［J］.市场瞭望（上半月）, 2014（2）: 37-39.

[141] 曹玉昆, 李迪.中国林产工业发展的战略思考［J］.林业经济, 2013（6）: 64-69.

[142] 博思数据网.中国定制家具市场规模达千亿成长空间非常大［EB/OL］.http: //www.bosidata.com/news/I091656FBN.html, 2016-2-22.

[143] 熊先青.大规模定制家具销售过程中的信息采集与处理［J］.林业工程学报, 2016, 1（1）: 122-127.

[144] 英风（记者）.定制：一种凸显个性的生活［J］.现代苏州, 2011（8）: 80-81.

[145] 梁姗.面向大规模定制的家具产品设计装配模型与求解研究［D］.哈

尔滨：东北林业大学，2012.

[146] 金点子. 欧阳熙：年销售额增长均超过 80% 看维意定制如何横着来［EB/OL］. http://www.jx96166.com/a/yinglijiqiao/201608/19122.html，2016-3-23.

[147] 张耀引，任新宇. 面向大规模定制的模块化家具设计［J］. 制造业自动化，2013（9）：132-134.

[148] Bhatt G D. "An Empirical Examination of the Effects of Information Systems Integration on Business Process Improvement". *International Journal of Operations & Production Management*，2000，20(11)：1331-1359.

[149] 袁平. 互动导向、市场环境、战略类型与企业绩效之关系研究［D］. 长春：吉林大学，2010.

[150] 王天营. 市场调查问卷设计十大问题［J］. 中国统计，2012（12）：47-49.

[151] 何晓群. 应用多元统计分析［M］. 北京：中国统计出版社，2010.

[152] 李俊枝，张滨，吕洁华. 基于适应性管理视域的森林生态系统服务主导因子研究——以大小兴安岭森林生态功能区为例［J］. 林业经济问题，2015（2）：109-117.

[153] 祁神军，王玉芳，张云波，项剑平. 基于结构方程模型的代建制多项目管理风险分析［J］. 科技进步与对策，2013（23）：68-72.

[154] 李德猛. 中小经销商的几种盈利模式［J］. 企业管理，2012（1）：61.

[155] 薛佳奇，刘婷，张磊楠. 制造企业服务导向与创新绩效：一个基于顾客互动视角的理论模型［J］. 华东经济管理，2013（8）：78-82.

附录

附表1 问卷变量间Spearman等级相关系数

变量	1 款式提供	2 换位思考	3 营销反应	4 交易记录	5 销售任务	6 区别交往	7 意见反馈	8 交换看法	9 参与设计	10 判断利润贡献	11 预测未来贡献	12 区分营销收益	13 通用部件使用	14 标准件组合	15 满足个性化需求	16 组件重复使用	17 附加功能增减	18 工艺设备应用	19 产品更新	20 软件应用	21 部门协调	22 技术获取	23 及时配送	24 生产流程调整	25 作业优化
1 款式提供	1.000	.198**	.223**	.253**	.220**	.157*	.107	.115	.098	.193**	.130*	.165*	.211**	.161*	.211**	.204**	.171**	.123	.213**	.162*	.206**	.216**	.190**	.183**	.249**
2 换位思考		1.000	.421**	.285**	.305**	.149*	.296**	.226**	.242**	.347**	.314**	.175**	.303**	.299**	.226**	.083	.281**	.281**	.274**	.211**	.281**	.328**	.268**	.287**	.347**
3 营销反应			1.000	.316**	.388**	.180**	.259**	.228**	.253**	.199**	.200**	.122	.245**	.275**	.256**	.200**	.179**	.088	.215**	.222**	.181**	.242**	.244**	.141*	.221**
4 交易记录				1.000	.233**	.185**	.179**	.056	.118	.331**	.150*	.136*	.211**	.269**	.177**	.142*	.105	.134*	.216**	.121	.177**	.187**	.141*	.170**	.168**
5 销售任务					1.000	.170**	.325**	.260**	.239**	.194**	.198**	.111	.236**	.253**	.283**	.180**	.216**	.130*	.228**	.216**	.312**	.298**	.204**	.265**	.272**
6 区别交往						1.000	.286**	.124	.165*	.127	.119	.223**	.143*	.090	.106	.263**	.160**	.262**	.195**	.118	.191**	.124	.100	.054	.099
7 意见反馈							1.000	.395**	.224**	.298**	.143*	.206**	.152**	.234**	.260**	.135*	.205**	.227**	.255**	.217**	.187**	.199**	.173**	.161*	.136*
8 交换看法								1.000	.327**	.250**	.295**	.129**	.246**	.240**	.192**	.184**	.155**	.186**	.176**	.199**	.221**	.273**	.227**	.152**	.188**

◎ 基于互动导向的家具制造企业定制能力及企业绩效关系研究

续表

变量	1 款式提供	2 换位思考	3 营销反应	4 交易记录	5 销售任务	6 区别对待	7 意见反馈	8 交换看法	9 参与设计	10 判断利润贡献	11 预测未来贡献	12 区分营销收益	13 通用部件使用	14 标准部件组合	15 满足个性需求	16 组件重复使用	17 附加功能增减	18 工艺设备应用	19 产品更新	20 软件应用	21 部门协调	22 技术获取	23 及时配送	24 生产流程调整	25 作业优化
9 参与设计									1.000	.263**	.267**	.250**	.170**	.240**	.177**	.042	.011	.031	.200**	.206**	.213**	.283**	.229**	.233**	.305**
10 判断利润贡献										1.000	.311**	.333**	.386**	.272**	.400**	.245**	.178**	.266**	.321**	.392**	.387**	.393**	.378**	.361**	.354**
11 预测未来贡献											1.000	.272**	.273**	.222**	.183**	.189**	.236**	.193**	.209**	.128*	.259**	.222**	.149*	.253**	.224**
12 区分营销收益												1.000	.283**	.204**	.226**	.195**	.240**	.285**	.313**	.282**	.284**	.272**	.306**	.274**	.291**
13 通用部件使用													1.000	.528**	.395**	.173**	.242**	.289**	.317**	.349**	.364**	.363**	.383**	.370**	.451**
14 标准部件组合														1.000	.478**	.093	.196**	.172**	.230**	.249**	.313**	.290**	.297**	.337**	.353**
15 满足个性需求															1.000	.221**	.259**	.340**	.358**	.333**	.369**	.294**	.320**	.323**	.359**
16 组件重复使用																1.000	.409**	.284**	.323**	.236**	.247**	.325**	.261**	.192**	.234**

续表

变量	1 款式提供	2 换位思考	3 营销反应	4 交易记录	5 销售任务	6 区别交往	7 意见反馈	8 交换看法	9 参与设计	10 判断利润贡献	11 预测未来贡献	12 区分售后收益	13 通用部件使用	14 标准部件组合	15 满足个性需求	16 组件重复使用	17 附加功能增减	18 工艺设备应用	19 产品更新	20 软件应用	21 部门协调	22 技术获取	23 及时配送	24 生产流程调整	25 作业优化
17 附加功能增减																	1.000	.409**	.366**	.337**	.388**	.297**	.214**	.260**	.270**
18 工艺设备应用																		1.000	.602**	.426**	.423**	.450**	.337**	.394**	.421**
19 产品更新																			1.000	.579**	.518**	.487**	.520**	.491**	.513**
20 软件应用																				1.000	.548**	.482**	.476**	.413**	.451**
21 部门协调																					1.000	.692**	.555**	.542**	.499**
22 技术获取																						1.000	.675**	.535**	.624**
23 及时配送																							1.000	.597**	.629**
24 生产流程调整																								1.000	.549**
25 作业优化																									1.000

◎ 基于互动导向的家具制造企业定制能力及企业绩效关系研究

附表2 问卷变量间Spearman等级相关系数

变量	26 应对突发事件	27 解决售后问题	28 非标准化定制	29 定制信息沟通	30 信任厂家	31 双方销售信心	32 厂家售信誉吸引	33 目标一致	34 价值认同	35 关联收益	38 品牌替换倾向	40 求取悦顾客	41 复购与推荐	42 顾客增长	43 知名度提升	44 行业竞争	45 复制模仿	46 价格促销	47 产品偏好	48 产品更新	49 代理增加	50 经营效果奖惩	51 经营销售额增长	52 经营绩效增长
1 款式提供	.222**	.208**	.141*	.207**	.177**	.123	.110	.159*	.137*	.072	.143*	.019	.133*	.186**	.208**	.166*	.128*	.151*	.113	.210**	.109	.041	.083	.129*
2 换位思考	.273**	.312**	.299**	.260**	.288**	.251**	.210**	.294**	.284**	.249**	.277**	.251**	.295**	.320**	.313**	.314**	.241**	.303**	.194**	.213**	.122	.132*	.142*	.199**
3 营销反应	.149	.243**	.207**	.277**	.248**	.257**	.148*	.140*	.138*	.142*	.080	.221**	.134*	.178**	.190**	.185**	.262**	.183**	.160**	.169**	.112	.120	.118	.139*
4 交易记录	.177**	.146*	.234**	.122	.143*	.158*	.117	.129*	.160*	.163*	.133*	.128*	.088	.093	.126	.107	.133*	.121	-.005	.150*	.089	.092	.169**	.191**
5 销售任务	.183**	.146*	.214**	.124	.228**	.229**	.168**	.221**	.120	.176**	.135*	.146*	.171**	.068	.144*	.162*	.125	.236**	.047	.074	.064	.096	.154*	.145*
6 区别交往	.116	.122	.159*	.100	.070	.066	.029	.054	.076	.126	.092	.062	.252**	.236**	.195**	.161*	.160*	.168**	.221**	.197**	.246**	-.002	.066	.012
7 意见反馈	.181**	.203**	.128*	.208**	.206**	.230**	.163*	.187**	.204**	.233**	.079	.136*	.240**	.234**	.294**	.275**	.255**	.285**	.157*	.179**	.150*	.093	.158*	.188**
8 交换看法	.164*	.184**	.132*	.242**	.185**	.185**	.183**	.105	.181**	.205**	.197**	.129*	.202**	.159*	.239**	.148*	.214**	.251**	.243**	.133*	.162*	.259**	.183**	.125
9 参与设计	.165*	.168**	.222**	.193**	.126	.052	.110	.089	.065	.052	.117	.104	.174*	.138*	.164*	.129*	.050	.110	.137*	.170**	.159*	.153*	.198**	.106
10 判断利润贡献	.447**	.276**	.337**	.177**	.244**	.235**	.241**	.283**	.274**	.181**	.296**	.222**	.198**	.215**	.282**	.225**	.145*	.136*	.172**	.078	.138*	.172**	.182**	.246**
11 预测未来贡献	.201**	.221**	.212**	.213**	.140*	.178**	.164*	.193**	.222**	.143*	.127	.152*	.127	.162*	.202**	.221**	.147*	.176**	.077	.126	.115	.210**	.161*	.124

续表

变量	26 应对突发事件	27 解决售后问题	28 非标准化定制	29 定制信息沟通	30 信任厂家	31 双方销售信心	32 厂家信誉吸引	33 目标一致	34 价值认同	35 关联同收益	38 品牌替换倾向	40 获取潜在顾客	41 复购与推荐	42 顾客增长	43 顾客知名度提升	44 行业竞争制	45 复制模仿	46 价格促销	47 产品偏好	48 产品更新	49 代理新增加	50 经营绩效奖惩	51 经营销售额增长	52 经营绩效增长
12 区分营销收益	.309**	.378**	.243**	.217**	.197**	.222**	.189**	.239**	.217**	.175**	.195**	.165*	.223**	.169**	.245**	.221**	.117	.228**	.084	.162*	.234**	−.030	.146*	.123
13 通用部件使用	.403**	.323**	.386**	.329**	.265**	.297**	.244**	.301**	.240**	.192**	.165*	.238**	.225**	.130*	.286**	.230**	.159*	.118	.081	.060	.162*	.151*	.259**	.200**
14 标准部件组合	.325**	.254**	.288**	.244**	.305**	.247**	.206**	.252**	.127	.145*	.144**	.196**	.146*	.164**	.202**	.137*	.128*	.093	.063	.155**	.120	.186**	.252**	.213**
15 满足个性需求	.360**	.326**	.331**	.342**	.409**	.379**	.304**	.345**	.252**	.186**	.178**	.345**	.203**	.238**	.291**	.252**	.235**	.150*	.106	.220**	.101	.152*	.285**	.278**
16 组件重复使用	.345**	.293**	.264**	.215**	.255**	.219**	.204**	.170**	.184**	.192**	.177**	.128*	.231**	.256**	.225**	.282**	.321**	.293**	.322**	.222**	.216**	.018	.123	.205**
17 附加功能增减	.334**	.372**	.351**	.315**	.473**	.324**	.236**	.303**	.282**	.235**	.198**	.212**	.369**	.317**	.293**	.354**	.303**	.216**	.215**	.245**	.285**	.054	.147*	.273**
18 工艺设备应用	.411**	.316**	.433**	.362**	.463**	.486**	.465**	.449**	.479**	.353**	.359**	.333**	.460**	.359**	.447**	.346**	.371**	.360**	.260**	.259**	.311**	.111	.281**	.334**
19 产品更新	.550**	.506**	.432**	.437**	.439**	.433**	.521**	.467**	.375**	.294**	.417**	.313**	.492**	.400**	.527**	.400**	.384**	.381**	.254**	.311**	.325**	.051	.195**	.336**
20 软件应用	.408**	.356**	.333**	.364**	.353**	.357**	.384**	.358**	.265**	.213**	.372**	.284**	.460**	.340**	.469**	.308**	.296**	.302**	.206**	.161*	.268**	.157*	.089	.259**

续表

变量	26 应对突发决策后事件	27 解决售后问题	28 非标准化定制	29 定制信息沟通	30 信任厂家	31 双方销售信心	32 厂家信誉吸引	33 目标一致	34 价值认同	35 关联收益	38 品牌替换倾向	40 获取潜在顾客	41 购买与复购推荐	42 顾客增长	43 知名度提升	44 行业竞争模仿	45 复制	46 价格促销	47 产品偏好	48 产品更新理	49 代理增加	50 经营绩效奖惩	51 经销售额增长	52 经营绩效增长
21 部门协调	.548**	.427**	.525**	.343**	.485**	.345**	.294**	.433**	.292**	.356**	.394**	.410**	.472**	.301**	.383**	.292**	.285**	.241**	.273**	.266**	.342**	.200**	.250**	.314**
22 技术获取	.604**	.424**	.514**	.409**	.472**	.431**	.382**	.427**	.440**	.412**	.439**	.316**	.482**	.351**	.392**	.307**	.300**	.314**	.307**	.231**	.300**	.199**	.299**	.343**
23 及时配送	.595**	.493**	.491**	.400**	.363**	.367**	.350**	.350**	.363**	.363**	.418**	.343**	.461**	.355**	.375**	.305**	.225**	.228**	.294**	.245**	.179**	.097	.173**	.286**
24 生产流程调整	.542**	.473**	.508**	.404**	.404**	.379**	.392**	.417**	.398**	.417**	.323**	.293**	.253**	.250**	.299**	.234**	.192**	.175**	.207**	.306**	.195**	.124	.266**	.272**
25 作业优化	.612**	.464**	.439**	.419**	.411**	.442**	.462**	.415**	.332**	.299**	.387**	.252**	.410**	.322**	.410**	.410**	.194**	.268**	.151**	.275**	.247**	.025	.193**	.271**

附表3 问卷变量间Spearman等级相关系数

变量	26 应对突发事件	27 解决售后问题	28 非标准化定制	29 定制信息沟通	30 信任厂家	31 双方销售信心	32 厂家信誉吸引	33 目标一致	34 价值认同	35 关联收益	38 品牌替换倾向	40 获取潜在顾客	41 复购与推荐	42 顾客增长	43 知名度提升	44 行业竞争制	45 复制横仿	46 价格促销	47 产品偏好	48 产品更新理	49 代理新增加	50 经营绩效奖惩	51 经营销售额增长	52 经营绩效增长
26 应对突发事件	1.000	.563**	.561**	.376**	.479**	.431**	.421**	.453**	.390**	.321**	.443**	.346**	.396**	.385**	.412**	.294**	.237**	.243**	.242**	.200**	.210**	.024	.264**	.431**
27 解决售后问题		1.000	.509**	.473**	.304**	.264**	.236**	.418**	.311**	.280**	.316**	.310**	.370**	.358**	.356**	.397**	.214**	.151*	.243**	.280**	.205**	.045	.175**	.214**
28 非标准化定制			1.000	.350**	.448**	.297**	.333**	.400**	.385**	.327**	.334**	.381**	.368**	.222**	.300**	.284**	.217**	.110	.227**	.234**	.306**	.069	.273**	.224**
29 定制信息沟通				1.000	.365**	.380**	.307**	.335**	.292**	.275**	.316**	.271**	.362**	.425**	.397**	.306**	.246**	.184**	.210**	.351**	.190**	.165*	.289**	.282**
30 信任厂家					1.000	.656**	.538**	.543**	.528**	.375**	.414**	.448**	.408**	.292**	.395**	.452**	.381**	.367**	.296**	.260**	.273**	.020	.280**	.457**
31 双方销售信心						1.000	.566**	.559**	.569**	.440**	.324**	.383**	.283**	.251**	.401**	.338**	.368**	.381**	.153*	.280**	.251**	.066	.198**	.350**
32 厂家信誉吸引							1.000	.604**	.662**	.374**	.470**	.391**	.321**	.261**	.416**	.334**	.301**	.334**	.193**	.274**	.283**	.105	.179**	.189**
33 目标一致								1.000	.698**	.505**	.474**	.451**	.315**	.235**	.404**	.435**	.279**	.243**	.227**	.269**	.233**	.112	.274**	.294**
34 价值认同									1.000	.532**	.478**	.444**	.382**	.355**	.427**	.360**	.352**	.241**	.300**	.320**	.304**	.184**	.265**	.333**

◎ 基于互动导向的家具制造企业定制能力及企业绩效关系研究

续表

变量	26 应对突发事件	27 解决售后问题	28 非标准化定制	29 定制信息沟通	30 信任厂家	31 双方销售信心	32 厂家信誉吸引	33 目标一致认同	34 价值	35 关联收益	38 品牌替换倾向	40 获取潜在顾客	41 复购与推荐	42 顾客增长	43 知名度提升	44 行业竞争	45 复制模仿	46 价格促销	47 产品偏好	48 产品更新	49 产品理增加	50 经营绩效恶劣	51 销售额增长	52 经营绩效增长
35 关联收益										1.000	.358**	.421**	.306**	.231**	.312**	.287**	.297**	.211**	.270**	.260**	.218**	.161*	.181**	.164*
38 品牌替换倾向											1.000	.392**	.484**	.412**	.491**	.380**	.216**	.340**	.252**	.281**	.290**	.017	.210**	.334**
40 获取潜在顾客												1.000	.442**	.260**	.318**	.221**	.228**	.107	.132**	.291**	.124	.207**	.277**	.286**
41 复购与推荐													1.000	.465**	.556**	.307**	.291**	.328**	.274**	.243**	.298**	.096	.251**	.372**
42 顾客增长														1.000	.554**	.257**	.356**	.293**	.414**	.536**	.322**	.128*	.126	.321**
43 知名度提升															1.000	.494**	.424**	.404**	.202**	.320**	.304**	.034	.223**	.327**
44 行业竞争																1.000	.491**	.497**	.180**	.207**	.204**	-.072	.055	.210**
45 复制模仿																	1.000	.601**	.402**	.342**	.403**	.228**	.164**	.244**
46 价格促销																		1.000	.301**	.247**	.439**	.041	.075	.175**
47 产品偏好																			1.000	.431**	.389**	.205**	.171**	.220**
48 产品更新																				1.000	.465**	.167**	.175**	.211**

续表

变量	26 应对突发售件	27 解决售后问题	28 非标准化制定	29 定制信息沟通	30 信任厂家	31 双方销售信心	32 厂家信誉吸引	33 目标一致	34 价值认同	35 关联收益	38 品牌替换倾向	40 获取潜在顾客	41 重复购与推荐	42 顾客增长	43 知名度提升	44 行业竞争	45 复制模仿	46 价格促销	47 产品偏好	48 产品更新	49 代理增加	50 经营绩效奖惩	51 经销售额增长	52 经营绩效增长
49 代理增加																					1.000			.118
50 经营绩效奖惩																						1.000	.084	.018
51 销售额增长																							1.000	.250** .152*
52 经营绩效增长																							.517**	1.000

附表4　"互动授权"维度公因子方差

维度	初始	提取
意见反馈	1.000	.841
交换看法	1.000	.652
参与设计	1.000	.989
经营绩效奖惩	1.000	.938

附表5　"互动授权"维度解释的总方差

成分	初始特征值			提取平方和载入		
	合计	方差的 %	累积 %	合计	方差的 %	累积 %
1	1.760	44.005	44.005	1.760	44.005	44.005
2	.915	22.865	66.870	.915	22.865	66.870
3	.744	18.610	85.480	.744	18.610	85.480
4	.581	14.520	100.000			

附表6　"互动授权"维度成分矩阵

维度	成分		
	1	2	3
意见反馈	.661	−.510	.379
交换看法	.783	−.022	.196
参与设计	.668	−.089	−.732
经营绩效奖惩	.515	.804	.165

附表7　"价值管理"维度公因子方差

维度	初始	提取
区别交往	1.000	.972
判断利润贡献	1.000	.673
预测未来贡献	1.000	.980
区分营销收益	1.000	.717

附表8 "价值管理"维度解释的总方差

成分	初始特征值			提取平方和载入		
	合计	方差的 %	累积 %	合计	方差的 %	累积 %
1	1.657	41.425	41.425	1.657	41.425	41.425
2	.941	23.518	64.943	.941	23.518	64.943
3	.744	18.602	83.545	.744	18.602	83.545
4	.658	16.455	100.000			

附表9 "价值管理"维度成分矩阵

维度	成分		
	1	2	3
区别交往	.430	.868	.181
判断利润贡献	.715	−.283	−.285
预测未来贡献	.656	−.321	.668
区分营销收益	.728	.055	−.429

附表10 "模块设计"维度公因子方差

维度	初始	提取
通用部件使用	1.000	.811
标准部件组合	1.000	.786
满足个性需求	1.000	.904
组件重复使用	1.000	.867
附加功能增减	1.000	.747
工艺设备应用	1.000	.947

附表11 "模块设计"维度解释的总方差

成分	初始特征值			提取平方和载入		
	合计	方差的 %	累积 %	合计	方差的 %	累积 %
1	2.496	41.597	41.597	2.496	41.597	41.597

续表

成分	初始特征值			提取平方和载入		
	合计	方差的 %	累积 %	合计	方差的 %	累积 %
2	1.222	20.370	61.967	1.222	20.370	61.967
3	.711	11.853	73.821	.711	11.853	73.821
4	.632	10.538	84.358	.632	10.538	84.358
5	.538	8.961	93.319			
6	.401	6.681	100.000			

附表12 "模块设计"维度成分矩阵

维度	成分			
	1	2	3	4
通用部件使用	.702	−.356	.117	−.421
标准部件组合	.666	−.545	.211	−.028
满足个性需求	.711	−.279	−.105	.557
组件重复使用	.518	.608	.406	.252
附加功能增减	.616	.526	.122	−.276
工艺设备应用	.638	.270	−.680	−.066

附表13 "敏捷开发"维度公因子方差

维度	初始	提取
产品更新	1.000	.905
软件应用	1.000	.866
部门协调	1.000	.796
技术获取	1.000	.841
及时配送	1.000	.855

附表14 "敏捷开发"维度解释的总方差

成分	初始特征值			提取平方和载入		
	合计	方差的 %	累积 %	合计	方差的 %	累积 %
1	3.088	61.753	61.753	3.088	61.753	61.753
2	.680	13.600	75.353	.680	13.600	75.353
3	.496	9.923	85.276	.496	9.923	85.276
4	.450	8.998	94.274			
5	.286	5.726	100.000			

附表15 "敏捷开发"维度成分矩阵

维度	成分		
	1	2	3
产品更新	.738	.473	.371
软件应用	.742	.451	−.334
部门协调	.831	−.176	−.273
技术获取	.833	−.362	−.128
及时配送	.780	−.303	.395

附表16 "流程重组"维度公因子方差

维度	初始	提取
生产流程调整	1.000	.903
作业优化	1.000	.894
应对突发事件	1.000	.820
解决售后问题	1.000	.826
非标准化定制	1.000	.852
定制信息沟通	1.000	.917

附表17 "流程重组"维度解释的总方差

成分	初始特征值			提取平方和载入		
	合计	方差的 %	累积 %	合计	方差的 %	累积 %
1	3.302	55.026	55.026	3.302	55.026	55.026
2	.768	12.801	67.828	.768	12.801	67.828
3	.611	10.186	78.014	.611	10.186	78.014
4	.531	8.849	86.863	.531	8.849	86.863
5	.443	7.377	94.241			
6	.346	5.759	100.000			

附表18 "流程重组"维度成分矩阵

维度	成分			
	1	2	3	4
生产流程调整	.759	−.059	−.244	.514
作业优化	.766	.046	−.492	−.249
应对突发事件	.799	−.291	−.080	−.302
解决售后问题	.755	.118	.430	−.238
非标准化定制	.730	−.403	.330	.218
定制信息沟通	.630	.709	.095	.099

附表19 "竞争强度"维度公因子方差

维度	初始	提取
行业竞争	1.000	.998
复制模仿	1.000	.822
价格促销	1.000	.792

附表20 "竞争强度"维度解释的总方差

成分	初始特征值			提取平方和载入		
	合计	方差的 %	累积 %	合计	方差的 %	累积 %
1	2.074	69.127	69.127	2.074	69.127	69.127

续表

成分	初始特征值			提取平方和载入		
	合计	方差的 %	累积 %	合计	方差的 %	累积 %
2	.539	17.965	87.092	.539	17.965	87.092
3	.387	12.908	100.000			

附表21 "竞争强度"维度成分矩阵

维度	成分	
	1	2
行业竞争	.790	.612
复制模仿	.847	−.324
价格促销	.856	−.244

附表22 "市场波动"维度公因子方差

维度	初始	提取
产品偏好	1.000	.987
产品更新	1.000	.670
代理增加	1.000	.784

附表23 "市场波动"维度解释的总方差

成分	初始特征值			提取平方和载入		
	合计	方差的 %	累积 %	合计	方差的 %	累积 %
1	1.860	62.012	62.012	1.860	62.012	62.012
2	.581	19.355	81.367	.581	19.355	81.367
3	.559	18.633	100.000			

附表24 "市场波动"维度成分矩阵

维度	成分	
	1	2
产品偏好	.781	.614

续表

维度	成分	
	1	2
产品更新	.793	−.205
代理增加	.789	−.402

附表25 "关系绩效"维度公因子方差

维度	初始	提取
信任厂家	1.000	.847
双方销售信心	1.000	.822
厂家信誉吸引	1.000	.792
目标一致	1.000	.759
价值认同	1.000	.824
关联收益	1.000	.959
品牌替换倾向	1.000	.968

附表26 "关系绩效"维度解释的总方差

成分	初始特征值			提取平方和载入		
	合计	方差的 %	累积 %	合计	方差的 %	累积 %
1	3.920	56.000	56.000	3.920	56.000	56.000
2	.807	11.528	67.528	.807	11.528	67.528
3	.702	10.025	77.553	.702	10.025	77.553
4	.541	7.735	85.287	.541	7.735	85.287
5	.393	5.611	90.898			
6	.363	5.183	96.081			
7	.274	3.919	100.000			

附表27 "关系绩效"维度成分矩阵

维度	成分			
	1	2	3	4
信任厂家	.715	.485	.232	.216
双方销售信心	.726	.537	−.076	−.009
厂家信誉吸引	.793	−.032	.182	−.360
目标一致	.834	−.168	−.032	−.184
价值认同	.821	−.263	−.147	−.241
关联收益	.672	−.130	−.611	.342
品牌替换倾向	.656	−.410	.462	.395

附表28 "盈利绩效"维度公因子方差

维度	初始	提取
获取潜在顾客	1.000	.964
复购与推荐	1.000	.715
顾客增长	1.000	.847
知名度提升	1.000	.827
销售额增长	1.000	.896
经营绩效增长	1.000	.892

附表29 "盈利绩效"维度解释的总方差

成分	初始特征值			提取平方和载入		
	合计	方差的 %	累积 %	合计	方差的 %	累积 %
1	2.755	45.911	45.911	2.755	45.911	45.911
2	1.110	18.503	64.414	1.110	18.503	64.414
3	.765	12.750	77.164	.765	12.750	77.164
4	.512	8.529	85.693	.512	8.529	85.693
5	.465	7.746	93.438			
6	.394	6.562	100.000			

附表30 "盈利绩效"维度成分矩阵

维度	成分			
	1	2	3	4
获取潜在顾客	.614	.068	.744	.172
复购与推荐	.788	−.182	.132	−.211
顾客增长	.687	−.448	−.288	.302
知名度提升	.743	−.383	−.157	−.322
销售额增长	.533	.708	−.126	−.310
经营绩效增长	.670	.473	−.268	.383

附表31 《基于互动导向的家具制造企业定制能力提升及企业绩效关系研究》问卷

尊敬的女士/先生：

您好！我们正在进行一项关于家具企业营销战略和定制化能力以及企业绩效方面的研究，想听取您的看法。请对下列描述进行判断，答案没有对与错，请您结合贵公司的实际，谈谈您在多大程度上同意下列说法，并在相应的数字上打"√"。其中，1表示完全不同意；2表示比较不同意；3表示一般；4表示比较同意；5表示完全同意。本调查采用匿名方式，其结果仅用于学术研究。对于您的支持，我们表示衷心感谢！

东北林业大学经济管理学院

问题	完全不同意	比较不同意	一般	比较同意	完全同意
1.厂家视情况向代理商提供不同系列（款式）的家具	1	2	3	4	5
2.厂家能站在代理商的角度分析和获得新顾客	1	2	3	4	5
3.厂家能观察单个代理商对企业营销活动的反应	1	2	3	4	5
4.厂家有记录不同代理商之间交易活动的系统或能力	1	2	3	4	5
5.厂家能根据我方的销售能力合理地制定下一年度的销售指标（或具体任务）	1	2	3	4	5

续表

问题	完全不同意	比较不同意	一般	比较同意	完全同意
6. 厂家同代理商如何交往是基于代理商的交易信息进行的	1	2	3	4	5
7. 厂家鼓励代理商反馈对于家具定制和厂家的看法	1	2	3	4	5
8. 厂家鼓励同行之间交换看法	1	2	3	4	5
9. 厂家鼓励代理商参与，同他方一起设计或改进定制家具	1	2	3	4	5
10. 厂家清楚代理商为公司利润做了哪些贡献	1	2	3	4	5
11. 厂家会预测代理商未来对于企业的利润贡献	1	2	3	4	5
12. 厂家能区分不同代理商对于企业的营销收益	1	2	3	4	5
13. 厂家能用通用和标准件较好地满足顾客的定制要求	1	2	3	4	5
14. 厂家能组合不同的标准化部件较好地满足顾客的不同需求	1	2	3	4	5
15. 厂家能开发一系列家具满足顾客的个性化需求	1	2	3	4	5
16. 厂家的产品组件能够在不同产品中重复使用	1	2	3	4	5
17. 厂家有能力通过增减部件来增减家具附加功能	1	2	3	4	5
18. 厂家有能力应用相关的设备与工艺进行大规模生产	1	2	3	4	5
19. 厂家能根据市场热销的新款家具及时更新自己的产品以供顾客选择	1	2	3	4	5
20. 厂家能利用家具设计软件提高定制效率	1	2	3	4	5
21. 厂家能协调各部门一致应对家具市场变化	1	2	3	4	5

续表

问题	完全不同意	比较不同意	一般	比较同意	完全同意
22. 厂家能迅速地将获取的新技术应用到定制生产中	1	2	3	4	5
23. 厂家能及时地进行产品配送	1	2	3	4	5
24. 厂家能通过调整生产流程等内容满足顾客的特别定制需要	1	2	3	4	5
25. 厂家能不断优化流水作业，解决定制中的生产难题	1	2	3	4	5
26. 厂家具有应对家具生产过程中突发事件的能力	1	2	3	4	5
27. 厂家能快速解决返工家具等类似问题	1	2	3	4	5
28. 厂家能及时了解并采取措施生产顾客的非标准的定制家具	1	2	3	4	5
29. 厂家和我方能借助相关软件或网络系统对顾客的定制信息进行及时的沟通	1	2	3	4	5
30. 我方信任厂家	1	2	3	4	5
31. 厂家和我方对于彼此的市场开发和营销能力有足够的信心	1	2	3	4	5
32. 厂家有很好的信誉	1	2	3	4	5
33. 我方和厂家的目标一致	1	2	3	4	5
34. 我方认同厂家的目标和价值观	1	2	3	4	5
35. 我方希望和厂家保持良好的关系，是因为从他那里得到了较多的利润和收益	1	2	3	4	5
36. 我方希望和厂家保持良好的关系，是因为终止双方的关系将给我方带来惨重损失	1	2	3	4	5
37. 我方希望和厂家保持良好的关系，是因为建立新的关系需要投入较多的资源和人力	1	2	3	4	5
38. 我方在短期内（1～2年）不愿意替换其他品牌的厂家	1	2	3	4	5

续表

问题	完全不同意	比较不同意	一般	比较同意	完全同意
39. 即使其他厂家提供更好的交易条件，我方也不愿意轻易终止和该厂家的关系	1	2	3	4	5
40. 我方有能力持续获取更多的潜在顾客并获利	1	2	3	4	5
41. 从长远看，现有顾客的二套房、二次装修等仍会选购我方的家具或者推荐亲朋好友购买	1	2	3	4	5
42. 同去年比，我方获得了更多的成交顾客	1	2	3	4	5
43. 同去年比，我方公司的品牌知名度提升了	1	2	3	4	5
44. 家具行业的竞争十分激烈	1	2	3	4	5
45. 某个厂家能开展的任何有效活动，其他竞争者都能够迅速模仿	1	2	3	4	5
46. 家具行业中，经常发生促销价格战	1	2	3	4	5
47. 家具代理商的产品偏好变化十分快	1	2	3	4	5
48. 家具代理商倾向于不停地寻找新产品	1	2	3	4	5
49. 厂家倾向于不断增加新的代理商	1	2	3	4	5
50. 厂家会依据我方的经营绩效进行奖励和惩罚	1	2	3	4	5
51. 经过厂家和你方的沟通与努力，你方的销售额会增长多少	1	2	3	4	5
52. 经过厂家和你方的沟通与努力，双方经营绩效增长多少	1	2	3	4	5

最后是一些关于您所在公司和您个人的基本情况，请您根据实际情况填写。

53. 请问你们厂有多少员工？（　　）

A.100 人及以下　　B.101～300 人　　C.301～500 人　　D.501～1000 人

E.1001～2000人　　F.2001～3000人　　G.3000人以上　　H.说不清

54. 请问你家代理了几个品牌？（　　）

A.1个　　　　　　B.2个及2个以上

55. 请问你家品牌在本地有多少家代理商？（　　）

A.1个　　　　　　B.2个及2个以上

56. 请问你家品牌在本地有多少家店面？

A.1个　　　　　　B.2个及2个以上

57. 请问您的性别是？（　　）

A. 男　　　　B. 女

58. 请问您的年龄是？（　　）

A.30岁及以下　　B.31～40岁　　C.41～50岁　　D.50岁以上

59. 请问您从事本行业的工作时间有多长？（　　）

A.3年以下　　　B.3～5年　　　C.6～10年　　　D.11～15年

E.16～20年　　F.20年以上

60. 请问您在单位从事哪方面工作？（　　）

A. 营销　　　　B. 设计　　　C. 中低层管理　　　D. 高层管理

E. 其他，请说明（　　　　　　）

再次谢谢您的合作！

致谢

本研究是惠州学院博士科研启动项目（2019JB028）、2022 年度惠州市哲学社会科学研究项目（2022ZX056）的研究成果。

在研究期间，承蒙东北林业大学田国双、卢宏亮教授热心指导与帮助，不胜感激。

感谢我挚爱的先生和父母的体谅与无私奉献，感谢可爱女儿的理解与默默付出！